日本・朝鮮の文献交流と始祖伝説認識
――一六～一九世紀における相互の文化理解――

平木實著

汲古書院

はじめに

古来より、歴史、思想、医学、美術、礼楽などの諸文化をはじめとして先進文化の多くは中国や朝鮮半島を経てもたらされてきたことは周知のとおりである。日本における近代史学の展開は一八八七年に東京帝国大学に史学科が設置されてからであるとされるが、著者はかねがねそれ以前の日本・朝鮮両国の民衆相互の文化理解、歴史理解はどのようになされてきたかについて深い関心を抱いてきた。それが両国民衆の思想・感情問題と密接に関連していると感じたからである。歴史的には、ある時は良好な関係を保ち、また対立関係を繰り返し、特に中世以降には、モンゴルに支配されていた高麗の日本侵攻、その後の倭寇問題、豊臣秀吉の朝鮮侵攻、さらには一九一〇年から三六年間にわたる日本の植民地期など、戦乱と支配・被支配の対立関係を繰り返しながらも文物・使節などの交流が頻繁に行われ続けてきた。その間に相互にどのような文献が交流されたのか、そしてそれらの文献のうち両国の学者や知識人が入手し、学ぶことのできたのはどのような文献であったのか、さらに当時の両国で民衆の教育に重要な役割を果たした日本では国学者、儒学者、知識人、また朝鮮時代後期の儒学者、実学者たちが、双方の文化や歴史についてどのような文献を入手して研究し、教育にあたっていたかについて対象年代を一六～一九世紀に焦点をあてて考察し、その考察方法として、両国で始祖として理解されてきた日本の天皇制、朝鮮時代後期に展開していた民族思想としての檀君朝鮮というそれぞれの始祖をどのように理解していたかについて重点的に考察を進めてみた。それによって両国の民族思想、ひいては日本人の韓国・朝鮮観、韓国・朝鮮人の日本観について理解する一助になるのではないかと考えたからである。これまでにも多数の先行研究があり、また政治・外交的視点や通信使などに関する詳細な研究が進展して大きな成果をあげてきているが、一般民衆による相互の歴史・文化理解に関する研究はまだ十分であったとはいえないと考えている。本書の内容は、その一端を考察したに過ぎず、行き届かない点も多々あると考えている。しかし多少なりとも斯界に貢献することができればと思い、上梓に踏み切ったものである。

目 次

日本・朝鮮の文献交流と始祖伝説認識

——一六～一九世紀における相互の文化理解——

第一章　文献交流による朝鮮・日本両国相互の文化理解

緒　言

朝鮮史学を含む日本の近代史学は、一八八七年に東京帝国大学に史学科が設置されて、ランケの門弟のリース（Ludwing Riess）が主任として着任し、西洋の近代史学の方法論を取り入れてからであるとする見解があるが(1)、本稿ではそれ以前の両国の文化・歴史理解はどのような形で行われていたかという問題について考察を試みるものである。

一六～一九世紀にかけて、朝鮮国と日本は、壬辰の倭乱（文禄・慶長の役）の際に、日本軍によって大量の文物が日本に将来されたこと、また戦乱の終了後に交易などとともに朝鮮通信使の往来などが行われて、様々な分野で文物の交流が盛んに展開された時期でもある。徳川家康の修交政策によって始まったとされる朝鮮通信使節の官員は、帰国後に当時の日本の文化状況について詳細な報告を行っており、内容の良否はさしおき、日本にたいする深い理解が進展していた。当初は、侵略してきた日本とはどのような国であるか、捕虜の送還問題から始まって、再度侵略されることはないかといった危惧と猜疑心も含まれていた。反対に日本では『朝鮮征伐記』などをはじめとするおびただしい数の軍記物語が刊行されているが、日本から正式に派遣された使節はあまり朝鮮半島の文化状況に関する報告書などを残していないようである。朝鮮国側が日本の通信使が首都の漢陽まで訪れることを許さなかったからであろうということもその理由の一つと考えられるが、また日本の朱子学の発展とともに、朝鮮国の朱子学の状況を理解する一面はあってもそれは儒教哲学の交流であり、この点については、すでに研究が進められているので、本章では日本国民の朝鮮国の文化理解はどのようなものであったかについてつぎの三点に焦点を当てて考察を深めることにする。

（一）日本人に朝鮮国の文化理解に寄与した文献。
（二）朝鮮国の人々に日本文化理解に寄与した文献。
（三）それらの文献にもとづいて両国の学者たちの間に両国の始祖を巡る理解がどのようになされたかについて考察を加え、最後に一九世紀末に刊行された概説書などの記述内容がどのように展開され変容したかについて考察を加える。

多様な交流が展開されたなかの一側面にすぎないが、これまでの研究ではあまり論究されていない分野を取り上げてみる。日本側が受容した朝鮮国の文献をみれば、

（一）徳川幕府が国内統治方法として儒教的倫理規範を普及させようとしたところから、日本でも朱子学が台頭してきた思想的基盤の共通性からくる『三綱行実図』などの受容とそれらの数度にわたる和刻本の刊行。
（二）文禄・慶長の役（壬辰倭乱）の際に、日本兵によって大量の朝鮮版本が船載されたなかで、蘭学が入る以前の日本では漢方薬をはじめとする東洋医学を重んじたところから、大量の朝鮮医書が受容され、その和刻本の刊行がなされたこと。
（三）朝鮮国の国撰史書である『東国通鑑』、『東国史略』などの史書が伝来し、それを翻刻した和刻本の刊行が行われて、日本国内の人々に朝鮮半島の歴史文化の通史的理解を深めるうえで大きく寄与したと思われる。

いっぽう、粛宗代には日本にたいする文献交流の禁止政策もとられたりして、それ以後日本の文献が朝鮮国に受容されたという公的な記録はあまりみられないが、通信使節などを通じて朝鮮国にはかなりの文献が持ちこまれた形跡があることは否めない。文禄・慶長の役（壬辰倭乱）及び清朝の朝鮮国にたいする侵攻（一六三六）以後は、朝鮮国では社会の荒廃と混乱状態が続き、日本に対する感情などもあってか、日本ではこの時期に民間に於ける出版文化が興隆したにもかかわらず、文献交流は盛んにならなかったとも考えられる。朝鮮国では民間における出版文化の展開が日本ほどでなかったようであるが、その反面、日本で出版された『和漢三才図会』などが通信使などを介して搬入され、百科全書的な学風を持った当時の朝鮮国のいわゆる実学派の学者たちに強い刺激を与えて、逆に自分たちの研究対象を解明する資料の一つとして盛んに引用される現象があらわれはじめたことは、日本に対する感情にとらわれず、純粋な学術交流における新たな展開であったと考えることができよう。

一、朝鮮半島の文化理解に日本に影響を及ぼした朝鮮国の文献

（一）儒教的道徳倫理規範の模範として活用された文献

徳川幕府にはいり、統治手段として儒教が導入されて、その儒教的道徳倫理規範の模範例を普及させるために『三綱行実図』が導入されている。『三綱行実図』は、第四代国王の世宗が古今の忠臣、孝子、烈女の中から卓越して見習うべき者を選び、それぞれの事例に即して収録し、詩賛を付して、文字のよく通じない者には図形を付して印刷し、広く公布することにしたものである。(2)

この書は、後の成宗代になると漢文の読めない人々にも理解できるようにと欄頭にハングル訳が付された版本（一五八〇年頃）が出版されて朝鮮国民の道徳倫理規範の普及教育に活用された。収録されている模範的な事例の大多数は中国人の事例で編纂されており、朝鮮本国の模範的な事例は少数である。日本では『三綱行実図』は朝鮮王朝の書というよりは、儒教的道徳倫理規範を参考にするための書として受容された面が強かったのではないかと思われるが、そうした需要によって、日本では訓点・送り仮名を付した和刻版が出版されている。江戸時代に入ると、日本では民間における出版事業が盛んになり、単に原本を入手するだけにとどまらず、中国の書籍や朝鮮国の版本を翻刻出版することも多くなっていたようで、朝鮮王朝初期の一四三四年に編纂された『三綱行実図』が一六三〇年頃になって翻刻出版されたのは、壬辰の倭乱時に持ちこまれて、日本の社会に儒教的な倫理規範の普及と教育する必要に迫られる段階にはいっていたからではないかと思われる。その『三綱行実図』について簡単に見てみると、二種類の和刻本が出版されたようで、その一は平仮名和訳本『三綱行実図』（浅井了意訳、佐賀松平文庫など。刊年未詳。浅井了意〈一六一二〜一六九一〉は、浄土真宗の僧侶であった。京都出身で、父親は東本願寺の末寺本照寺の住職であった。儒学・仏道・神道の三教に通じていたとされ、京都二条の真宗大谷派の昭儀坊に居を置いていた。）と他の一は、和刻『三綱行実図』（寛文年間、一六三〇年頃に翻刻出版された和刻本。訓点・送り仮名者未詳。名古屋蓬左文庫、天理図書館などに収蔵されている）が出版されたことに注目したい。(3) 朝鮮国では中宗代に入ると一五一五年に朝鮮国民の模範事例が大多数を占める『続三綱行実図』が刊行され、さらに壬辰の倭乱直後の光海君時代の一六一七年には『東国新続三行実図』が刊行された。後者は、朝鮮国民の模範的な事例だけを収録したものであるが、その事例は膨大な分量にのぼる大書である。しかしこれら『続三綱行実図』と『東国新続三行実図』の二書は日本で翻刻出版されることはなかった。

この『三綱行実図』と関連するものとして、『新続列女伝』をあげることができる。この書は中国の明代に、黄希周などによって編纂されたものであるが、日本では、中国女性の事例以外に『三綱行実図』からも模範事例を取りいれて和刻本（承応三年〈一六五四〉刊、巻末に承応三年甲午五月　穀旦室町通鯉山町小嶋弥左衛門刊とある）が刊行されている[4]。いずれも日本において儒教的な道徳倫理規範を受容し、普及するために用いられたものと思われる。

（二）漢方医学書の伝来と和刻版の刊行

儒教的道徳倫理規範の普及に次いで導入されたのは、朝鮮国で用いられていた漢方医学の導入である。現代の西洋医学は、観察と実験と実証が伴わなければならないとされるが、東洋の漢方医学は、一般的に臨床を主体として観察と経験によって成立し、それに各種の形而上的な思想のはいった医学であるとされる[5]。そこで、先行の三木栄氏の研究によれば、江戸時代の後半に西洋医学がもたらされる以前の日本においては、漢方医学が盛んであった。その情報の入手先は中国、朝鮮国であったが、文禄・慶長の役以後には朝鮮国から将来された医学書が多数にのぼり、また朝鮮通信使節の医官などと日本の医師とのあいだに盛んに病気の治療法、薬剤などに関する医事問答が行われ、必要に応じてそれらの医書が和刻本として出版されることが多かったとする。三木栄氏は、多数の医書目録をあげているが、その主なものとして、『医方類聚』[6]と『東医宝鑑』（宣祖の王命を受けて陽平君許浚が流配中に、広く中国・朝鮮国の古近の方書を集めて編纂につとめ、光海君二年（一六一〇）に編纂を完了した書。三木栄氏は、『接待事目録抄』の記事を引用して、この書が日本にもたらされたのは、顕宗三年（一六六二、寛文三年）三月のことであるとしている。）をあげている。この『東医宝鑑』は享保九年（一七二四年、景宗四年）に、幕府の医官源元通が訓点・送り仮名を付し、林信篤が序文を、源元通が跋文を書いて京都書林栂井藤兵衛によって『官刻訂正　東医宝鑑』という書名で和刻版が刊行された。さらに寛政一一（一七九九）年には再版が大坂書林和泉屋善兵衛によって刊行されている。

『医方類聚』は朝鮮国では、『東医宝鑑』よりも早く編纂された書でありながら、日本に入ったのは文禄・慶長の役のさいに、加藤清正が日本に持ち帰ったとされ（『時還読我書』下を引用して記述）、宮内庁書陵部に現在の韓国にも存在しない唯一の原本が所蔵されている。そして『東医宝鑑』よりも遅い嘉永五（一八五二）年の初頭に、幕府の医官喜多村直寛によって、原刊本の縮刷活字本の印行が企画され、将軍手許金の支援を受けて、文久元年（一八六一）二月までの間に二六六巻二六四冊が刊行されて完成した。この頃になると日本では一七六九年に『解体新書』が編纂されていることから、東洋医学と西洋医学が折衷されていた時期であると考えられる。膨大な分量の朝鮮版本の和刻本が印行されていたのは、当時コレラの流行によって日本では多数の死亡者が出たりしたために、そうした病気を克服する必要があるところから医学界や国民が関心を持っていたからであろうと思われる。

二、日本の諸学者の朝鮮半島の通史的歴史理解に影響を及ぼした文献

日本で朝鮮国の通史的歴史理解に役立つ資料として刊行されたものは多くなく、朝鮮国に於いて刊行された文献をそのまま利用するか、原本に訓点、送り仮名を付した和刻版が刊行されて利用されていたようである。そうした文献のうち、日本で読まれた文献について考察してみると朝鮮国で刊行された文献のうち、原本または和刻版として刊行されて読まれた文献としてはつぎのような文献をあげることができる。

（一）　朝鮮時代初期に朝鮮国に存在した史書

朝鮮時代初期において書籍の編纂・刊行に主導的役割を果たしたのは、権近、梁誠之、申叔舟等であるが、梁誠之

は、「書籍は大切に保存して万世に備えなければならない」として当時保存されていた様々な書籍をあげている。それをみれば次のような書物があげられている。『三国史記』、『東国史略』、『高麗全史』、『高麗史節要』、『高麗史全文』、『三国史節要』、本朝歴代『実録』、『銃筒謄録』、『八道地理誌』、『訓民正音』、『東国正韻』、『東国文鑑』、『東文選』、『三韓亀鑑』、『東国勝覧』、『承文謄録』、『経国大典』、『銃筒謄録』、さらに『京外戸籍』、『京外軍籍』及び諸道の田籍、貢案横看、諸司・諸邑奴婢正案・続案などである。(7)

上記の書目のなかに『東国史略』も入っているところから、国撰の史書として重視されていた書物であることがわかる。(8)

そして『銃筒謄録』については、「この書は兵家の秘書である。したがって盗み出して利益をあげる者が出ると国民には害となるので、内外の史庫に一冊と軍器寺の一冊、御覧一冊を保管するいがいのものは、諺文で書写して、ほかはすべて燃やしてしまい、万世の慮となすように」と提言している。(9) 国家の軍事機密に属する内容の書物は秘密を守るために意外なところでハングルを活用しようとする意図がみられる。

また永安道の観察使が道内の人々に教えるために『高麗史』を求めてきたことにたいしても「『高麗史』は戦争の勝敗についてすべて記録したものであり、みだりに人に見せてはならない。永安道の山川は首都から遠く離れており、境界を野人と接しているために、以前には卓青、趙輝の事があった。後には逆賊李施愛の変もあったりしているので、そうしたことに対する防備を考えないといけないとして、『高麗史』は回収すべきである」としている。(10) 軍事上の機密に関することは外部に漏らさない方針がこの時すでにこうじられていた。

さらに後代の粛宗三八年（一七一二）にはいると、校理呉命恒が、通信使の伝えるところによれば、故相臣柳成龍の撰した『懲毖録』が倭国に流入しているという。事は極めて驚

該であるから、宜しく厳しい科条を立てて、別に禁断していただきたい。(11)

と進達したので、国王は、廟堂に「科条を酌定して厳しく禁断するように」と命じている。領議政徐宗泰は、陳達使呉命恒の倭国の書冊を禁じる提言を取り上げ、

中国から来た書籍は一律に禁じることはできないが、史乗と文集などの書物は一切厳禁して潜売の律で論じることにし、急を要しない書物はその次の律で参酌して論じることにしてはと進言したために、国王は、中国の書籍以外の我が国の文籍は一律に厳禁せよ。(12)

と指示し、発覚した後でその軽重によって勘罪することを命じた。外国に渡ることは好ましくないとされた『高麗史』、『懲毖録』などが日本に渡り、とくに『懲毖録』が日本で翻刻出版されていることに対する対策として立てられた政策である。

これ以降、朝鮮国の書籍と日本の書籍の往来は禁止されたことになり、文献交流に困難な状況がつくりだされた。

（二）通史的歴史理解に影響を及ぼした朝鮮国の史書

もっとも大きな影響を与えたのは『東国通鑑』であろうと思われる。この書は、高麗時代末までを記述した史書であるから、朝鮮王朝の歴史を理解する史書が刊行されてもよいと考えられるが、朝鮮王朝国家では、王朝国家自体が交代したわけでなく、継続中であるところから、中間で、王朝史の著述は避けていた。そのいっぽうで『王朝実録』や『承政院日記』、『備辺司謄録』、『各司謄録』などが整備されつつあったから、国撰の通史的史書は特に必要とされなかった。後に記述された史書は、すべて個人の学者が記述したもので、それも木版印刷、或いは活字印刷されたものは、ほとんどなく、筆写されて伝播するような状況にあったから、日本に流入するのも非常に遅くなったものと思

われる。

①『東国通鑑』

二八冊、活字本（改鋳甲寅字）で、成宗一五（一四八四）年に徐居世、鄭孝恒などが王命によって修撰した編年体の史書である。新羅の始祖朴赫居世から高句麗、百済、高麗の恭愍王に至る一四〇〇年間の事績について記述している。また別途に檀君朝鮮・箕子朝鮮・衛満朝鮮及び漢の四郡・二府・三韓などを外紀として略述し、巻頭に掲載している。粛宗二九（一七〇三）年に重刊されているが、この書が日本に入った時期は定かではない。和刻本の刊行時期からして、やはり文禄・慶長の役の際に搬入されたのではないかと思われる。

この書では、史実の判然としない檀君朝鮮、箕子朝鮮、衛満朝鮮について「外紀」として扱い、ちなみに檀君朝鮮については次のように記述している。

東方初無君長、有神人、降于檀木下、国人立為君、是為檀君、国号朝鮮、是唐堯戊歳也、初都平壌、後徙都白岳、至商武丁八年乙未、入阿斯達山為神

（臣等按）古記云、檀君與堯並立於戊辰、歴虞夏至商武丁八年乙未、入阿斯達山為神寿千四十八年、此説可疑、今按、堯之立在上元甲子甲辰之歳、而檀君之立在後二十五年戊辰、則曰與堯並立者非也、自唐虞至于夏商世漸澆灕、人君享国久長者、不過五六十年、安有檀君独寿千四十八年、以享一国乎、知其説之誣也、前輩以謂、其曰千四十八年乃檀氏伝世歴年之数、非檀君之寿也、此説有理、近世権近入覲天庭、太祖高皇帝命近賦詩、以檀君為題、近詩曰、伝世不知幾、歴年曽過千、帝覧而可之、時論亦以近之言為是、姑存之以備後考。

この『東国通鑑』の和刻版が刊行されたのは、朝鮮半島の歴史理解に必要性を感じてのことであろう。その書名は、『東国通鑑』の頭書に「新刊」と付されて、『新刊東国通鑑』と改名されている。

② 『新刊東国通鑑』

五六巻二〇冊。木版本で、寛文七（一六六七）年に刊行された。

この書は、辻達の訓点及びカタカナ送り仮名が付されており、奥書きに「寛文七丁未歳霜月日　洛下林前和泉掾白水　于松柏堂刊之」とある。この『新刊東国通鑑』の序文（寛文丙午孟秋）において、弘文学士林叟が述べている内容によれば、

……彼の国亦世々その国史を修す、然れどもその詳らかにして見るべき者は東国通鑑に若くは無し、上は檀君自り下は王氏の末に至るまで、総計五十六巻、その治乱興廃一覧して知るべし。余れ少かりし時、曽て此の書の我が国に伝え存することを聞く、而も未だ目に触れず、故に癸未の歳、諸を朝鮮の朴進士に問う、答えて曰く、今は亡びたり、蓋し壬辰の乱に滅したるか、余れ之れがために悵然とす、頃歳水戸の三品参議君（水戸光圀のこと）偶東国通鑑を求め得たり、想うに夫れ壬辰の役に載せる所の遺編偶存せるか、君希世の書を得たるを喜ぶ、然れどもその闕る所有ることを惜しむ、既にして幸いに一本を僦り得て参校・写補し、(13)以って全て殆ど符節・圭瑁の合えるが如くにして、狗尾貂続の比いに非ず、謂うべし、大幸なりと、是に於いてその書を概見するに、則ち粗　本朝の事を載すと雖も調庸貢献に至っては則ち悉く之を略す、蓋しその国のために之を諱むか、是も亦臣子の情咎むべからず、両国の史に該通して眼を着けて用捨せば則ちその旨趣自ずから知るべし、参議君謂えらく、朝鮮今猶来朝の聘を修す、他の外国の属に非ず、此の書をして広く世に行わせるときには、則ち両国の酬いを贈

るに便ありて学者に補い無しと為せざらん、乃ち洛の剞劂氏（版刻師のこと。筆者註）に命じて新たに松柏堂に刊む、……

とある。[14] 時期は判然としないが、江戸後期に山田茂助により再版が刊行されたものもあるようである。[15] さらに明治に入ると、一八八三年に補刻されたという記録も見える。[16]

この書の本文は『東国通鑑』をそのまま復刻したものであるだけに、本文から当時の日本人の朝鮮国観を伺うことは困難であるが、序文を記述した弘文学士林叟の文章を見れば当時の日本人の朝鮮観を知ることが可能である。

この和刻版『東国通鑑』は、寺島良安が『和漢三才図会』を編纂する際に、朝鮮半島の歴史を記述する資料として大きな影響を与えたと思われる。

③『海東諸国記』

申叔舟が成宗の命を受けて日本に往来した知見にもとづき、日本の地勢、世系の由来、風俗などについて言及したもので、成宗二（一四七一）年に撰進された。しかし印行された時期はそれよりも後であると思われる。成宗二年に撰進されたにもかかわらず、前記の成宗十三年二月の梁誠之の上疏文にその書名が見えないのは、その時点でまだ印行されていなかったからで、田中健夫訳註『海東諸国記』[17] 解説条でも燕山君七（一五〇一）年に琉球国図が追加されていると指摘している。この琉球国図は端宗元（一四五三）年に倭僧道安が琉球の使者として朝鮮国に渡った際に寄贈したものであるとしているので、印行されたのは一五〇一年以後であったと思われる。この書は、日本の歴史、文化、通交関係などについて詳細に記述されているので、朝鮮国では重視された書であるが、日本でも逆に日本について知るために重視された書となり、筆写されて広く読まれた。なかでも新井白石が通信使応接の改革をするために、本書のなかに「朝聘応接紀」があることに注目し、『海東諸国記抄釈』を記述して、詳細な注釈書を著述したことは有名である。

④『懲毖録』別名『朝鮮懲毖録』[18]

一六巻本と二巻本の二種類あるうち、和刻本は二巻本を出版した模様。この書も壬辰の倭乱以後日本に搬入されたものと考えられるが、どうした経路で搬入されたかについてはよくわからない。しかし、この書が日本に渡り、和刻版も刊行されているという情報によって、朝鮮国側では、機密に属する内容が日本側に知れたことを憂慮して、粛宗代の文献交流禁止の政策につながった。

⑤『東国史略』

『東国史略』は朝鮮時代に入り、初めて編纂された官撰史書で、建国から高麗末までについて記述されている。朝鮮王朝に入り、この書の編纂された理由については定かではないが、編纂がされたのは、太宗三（一四〇三）年八月三〇日のことである。編纂の中心的な役割をはたしたのは左丞相河崙で、参賛権近および知議政李詹とともに編纂したものである。編纂者の氏名および官職名とともに『王朝実録』に正式に記録されていることからして、王命を受けて編纂された史書であることに間違いない。[19] この書物は、その後世祖二（一四五六）年に、司諫院が乱臣の家で籍没した四書・五経、『左伝』・『小微通鑑』・『宋・元節要』・『通鑑綱目』・『通鑑続編』・『大学衍義』・『源流至論』・『陸宣公奏議』・『礼部韻略』・『玉篇』・『高麗史』・『三国史』・『東国史略』・『大明律』・『元』・『続六典』・『謄録』などの書物を保管している中に、多くの中国の文献とともに『東国史略』がみえるので、当時の重臣たちの重要な所蔵品になっていた[20]。

また世祖十二年の国王に対する殿講の書に『資治通鑑綱目』、『続編綱目』、『高麗史』などとともに、『東国史略』がはいっている[21]。睿宗元年の工曹判書梁誠之の上書に、「経筵の講学では、『資治通鑑』、『大学衍義』、『自警編』、『貞観政要』、『宋元節要』、『大明君鑑』、『東国史略』、『高麗史節要』、『国朝宝鑑』、四書の『論語』、五経の『尚書』」などを挙げており、なかでも「『東国史略』は、徒に境内に行うだけでなく、中国や日本に伝えることもよい」といっている記述がみられる[22]。それでつぎの⑥で述べるように、中国にも搬入されて復刻版が刊行されたのではないかと思われる。日本に搬入された時期は定かではない。

⑥　中国で出版された史書『朝鮮史略』

明、神宗四五（一六一七）年刊。四庫全書珍本雲五主寺一〇集。各巻末の明の校者名は、巻之一郭天中、巻之二趙宧光、巻之三黄習遠、巻之四葛一龍、巻之五何璧、巻之六廖孔悦とある。

この書は、その内容からして、朝鮮版本の『東国史略』が中国で出版された書であるが、中国では『朝鮮史略』と書名を変えて刊行された。日本ではこの『朝鮮史略』に注目して、和刻版として刊行された『官版朝鮮史略』はこの書であると思われる。

⑦　『官版　朝鮮史略』

木版本。六巻六冊。文政五（一八二二）年刊。出雲寺萬次郎。中国で出版された『朝鮮史略』の和刻版で、訓点・送り仮名が付されている。朝鮮国では、『東国史略』が国撰の史書として最も早く刊行されたにもかかわらず、日本では、『東国通鑑』が先に和刻本として刊行された理由については定かではないが、この『朝鮮史略』は、中国で刊行されたと考えられ、その刊行時期も一六一七年であったから、『東国通鑑』よりも遅く日本に招来したものと思われる。それで日本に於ける刊行年代も一八二二年という遅い時期に刊行されたのではないだろうか。この書は、中国で出版された『朝鮮史略』を復刻したわけであるが、結果的に朝鮮版本の『東国史略』を導入した結果になる。一例としてこの『東国史略』の檀君に関する記述をみると、

東方初無君長只有九種夷有神人降于太白山在今寧邊府、即妙香山檀木下、国人立為君、唐堯二十五年戊辰 国号朝鮮在東表日出之地、故曰朝鮮索隠曰、以有山水故名、都平壌徙白岳、後入阿斯達山今九月山為神、是為檀君名王険、古記云、檀君與堯並立、至商武丁八年、為神、寿四千十八年、然権近応製詩曰、伝世不知幾歴年会過千、盖伝世 歴年数、非檀君寿也

とみえ、この記述内容は、『東国通鑑』では外紀として扱っているものであるが、日本側ではそのことになんら疑問を抱かずに『東国通鑑』をそのまま受容したように、『東国史略』の記述内容もそのまま受容して記述している。

日本では朝鮮国の通史的理解を古い官撰史書に依存して理解していたわけであるが、その後朝鮮国では官撰の国史の概説書は編纂されなかった。しかし朝鮮国では、新たに台頭したいわゆる実学派の学者たちによって歴史著述の方向が大きく変わりつつあったのに対し、日本側の朝鮮半島に対する歴史理解はそれ以上進展しなかったのではないだろうか。

三、朝鮮国における日本文化・歴史の理解に寄与した日本の文献

日本の史籍がどのような経緯を経て朝鮮国に搬入されたかについて具体的に知ることは、現在の段階では不可能で

あるが、そのなかに記述された日本書目目録が存在する。書目に記載された書籍がすべて朝鮮国にはいっていたかどうかについて確認できる資料ではないが、刊年・著者・撰者を簡潔に付したものと付されていないものがある。(23)

① 『青荘館全書』日本書目目録（李徳懋、一七四一～一七九三、巻之六四、蜻蛉国史、芸文）

○『旧事記』推古二十八年。廐戸皇子。蘇我馬子撰。凡十巻。自開闢迄当代。○『古事記』元明和銅五年。万安侶撰。自神代迄推古凡三巻。○『日本紀』。安麻呂撰。自神代至持統。○『日本六国史』。○『日本紀』。三十巻。安麻呂撰。自神武至持統十一年。凡九百六十三年。○『続日本紀』。四十巻。菅野真道。藤原継縄等撰。起文武元年丁酉。至桓武延暦十年。凡九十五年。○『日本後紀』。四十巻。藤原緒嗣撰。起桓武延暦十一年。止淳和天長十年。凡四十二年。而全書今亡。只有抄略二十巻。并纂一巻。⑧○『続日本後紀』。良房後春澄善縄等撰。仁明実録也。起天長十年。止嘉祥三年。凡十八年。○『文徳実録』十巻。都良香撰。起嘉祥三年。訖天安二年。凡九年。○『三代実録』。五十巻。大蔵善行撰。起天安二年。訖仁和三年。凡三十年。○『吾妻鏡』。○『新古今集』。○『新勅撰集』。藤正家著。○『続古今集』。○『続後撰集』。藤為家著。○『新続古今集』。藤雅世著。○『万葉和歌集』。竹取翁著。⑱『源氏物語』。紫式部著。⑲『羅山文集』。林道春著。○『太平記』。玄恵著。○『元亨釈書』。虎関著。○『桃蕊編』。道宗著。○『天下白』。漆桶居士著。○『経国集』。島峯安世著。○『扶桑略記』。皇円著。○『奥儀抄』。清輔著。○『朗詠集』。公任卿著。○『諸経要文』。親鸞著。○『選擇集』。源空著。○『教行信證』。親鸞著。○『慕京集』。源道灌著。○『彌陁経注記』。○『曼陁羅抄』。西誉著。○『庭訓』。玄恵著。○『安国論』。日蓮著。○『甲陽軍鑑』。高坂弾正著。○『法華経注』。最澄著。○『研心章』。護命著。○『十住心論』。空海著。○『金光明経』。○『仁王経注』。○『無量義経注』。最澄著。○『天台義集』。義真著。○『一乗要訣』。○『往生要集』。○『阿彌陀経疏』。○『大乗対倶舎抄』。〇『天台宗二十七疑問』。恵心著。〇『嘉文乱記』。垂水広信著。〇『徒然草』。兼好著。〇『広釈流義』。宇多倭皇著。〇『挙白集』。滕俊著。〇『大悉曇章』。安然著。〇『花伝抄』。専慈著。〇『小巻物大巻物秘伝抄』。専好著。〇『宝物集』。平泰頼著。〇『狂雲集』。宗純著。〇『帰命本願抄』。〇『西要抄』。〇『往生至要訣』。証賢著。〇『観経疏記』。円空著。〇『愚禿抄』。〇『文類聚抄』。親鸞著。〇『立正治国論』。日親著。〇『三国仏法伝通縁起』。凝然法師著。〇『律令』。淡海公著。〇『浄土源流章』。凝然法師著。〇『聖筆縁起』。菅丞相著。〇『諸経注釈』。常騰著。〇『無明抄』。長明著。〇『宝蓮華寺縁起』。義教著。〇『蕉堅集』。〇『蕉堅語録』。中津著。〇『民部省礼』。清麻呂著。〇『寝草稿』。月潭和尚著。〇『僧宝伝』。高泉著。〇『四書疏林』。竹田誠直著。〇『童子問論孟古義論孟字義』。伊藤維禎著。〇『徂徠集』。〇『論語徴』。物部双柏著。〇『和漢名数貝』。原篤信著。〇『和漢三才図会』。寺島尚順著。

編纂者・著者の明確でない書としてあげている書目。

弁色立成。平家物語。浄琉璃著聞集。公事根源。奇異雑談。懐風藻。古今和歌集　作者部類姓氏録。伊勢物語。和漢軍記。西宮記。耆婆万病。円天木集。枕双紙。良材集。清少納言。本朝食鑑。聖皇本記。谷響集。世風記。世彦物語。聴雨斉集。江家次第。四季物語。寂寞草。羣忌際集。宝積寺縁起。方角抄。神社啓蒙。風土記。帝王編年紀。一宮記。碧岩集。神仙伝。職原抄。大全大双紙。義楚六帖。五鳳集。類聚国史。本朝文粋。鎌倉志。陸奥話記。人雲御抄。北條九代記。塵冢物語。懐中集。源平盛衰記。東鑑。奥州後三年記。神系図縁起略。大和本紀。埃嚢抄。八大童子軌。鎌倉大草子。法眼浄賀伝。瓜雅集。方丈記。智証太師年譜。卜部家説。円応禅師語録。安楽外記。万代集。太神宮式。神名略記。神名帳。儀式帳。河海抄。春雨集。松下集。職員令。王年代紀。二水記。駿牛絵詞。辞世集。人群集。棊経。築波集。犬築波集。過去帳。神代巻性霊集。竹取物語。住吉旧記。鉤狐狂言。持名抄。熊野御幸記。熊野王子記。紀貫之集。続古事談。政事略。峯相記。二十二社注式。金玉集。玉葉集。東斉随筆。明玉集。撰集抄。十訓抄。社説下学集。乾元二年記。源氏玉葛巻。六状。榑桑文選。武刃兵術冊。衷中抄。訓閲集。諸神記。名法要記。正統紀。百練抄。格式之書。弘仁格。弘仁式。貞観格。貞観式。延喜格。延喜式。二十一代。和歌集　凡二十一種。皆録日本之歌詞。

②『和漢三才図会』寺島良安編纂、一七一三（世徳三）年刊。

前記の日本書目の最後に記載された書籍であるが、この書物が日本の書籍として日本の文化を理解するうえで最も大きな影響を与えたと思われるので、ここでは、この書を特に取り上げて若干考察を進めることにする。

この書は、朝鮮半島の歴史については、最初に中国の『三才図会』『五雑組』（明代の謝肇淛著、一六六一〈寛文元年〉年に和刻本が刊行されている）を引用して記述している。それによれば、朝鮮は、

古くは鮮卑と名づけ、周には朝鮮と名づく、而して後新羅・百済・高麗之れを三韓となす、今一統を為して朝鮮と称す、東方日出ずるの地、故に以って之れを名づく、地理の部に詳し、『三才図会』に云、武王箕子を朝鮮に封じてより、中国の礼楽詩書医薬卜筮《ぼくぜい》皆此れに流《もとむ》、衙門官制衣服悉く中国に随う、但し礼貌中国と差有り、王親貴戚を見れば則ち扯《しゃ》嗪跪牒（餌袋を引き任命書に跪づく）して地に在り、小、大を見るは則ち身を蹲め俛首《ふしゅ》（首を垂れる）するを礼と為す、中国人の賊寇を見て敢えて仰視せざるが如きの類、此れ夷狄の風俗、習いて以って常となす、……(24)

とあって、中国の『三才図会』には、始祖伝説である檀君朝鮮の記述がないことが分かる。また

『五雑組』に云、夷狄諸国、朝鮮より礼義あるは莫く、交趾より膏（膏腴《こうゆ》？地味が肥えているの誤り）なるは莫く、韃靼より悍けき莫く、倭奴より狡《ずるく》は莫く、琉球より醇なるは莫く、眞臘（クメール）より富なるは莫し[25]。

と記述して、『五雑組』を引用しているが、寛文元年（一六六一）の和刻本を引用したのではないかと思われる。

ついで「朝鮮国儒仏初」条では、『東国通鑑』を見よとしており、また「耽羅」条では、「東国通鑑に云、……」と記述して、ともに朝鮮国国撰の『東国通鑑』の内容を参考にして記述する形式を取っている。

ついで、「朝鮮、日本に来貢するの始め」、「神功皇后三韓を征す」、「秀吉公朝鮮を征す」という項目を設けて記述しているが、これは明らかに日本が優位に立っているということを意識して記述した項目である。

さらに『和漢三才図会』巻第六四、地理之部の朝鮮国条及び耽羅国条では、『東国通鑑』から簡潔に引用して記述している。朝鮮国条では、檀君朝鮮について、

『東国通鑑』に云、当初《そのちょ》君長無く、神人有るに檀木の下に降り国人立てて君と為す、国を朝鮮と号す、唐の堯帝の時なり、初め平壌に都し、後に白岳に都を徙す、商の武丁八年に至りて、阿斯達山に入り、神と為る。

と記述して、『東国通鑑』では、「外紀」として記述し、詳細に檀君朝鮮にたいする疑問点を提示しているにもかかわらず檀君神話をそのまま掲載している。

また「『両朝平壌録』云、朝鮮北は女直に隣り、西北は鴨緑江に至り……」と記述して『両朝平壌録』の記述を引用しているが、この書は、明代に編纂された中国の書籍である。このように、『和漢三才図会』の朝鮮半島の歴史記述は、ほとんど『東国通鑑』の記述内容から引用して紹介していることから、当時の日本にあっては、『東国通鑑』が通史としてよく知られていたものと思われる。ついで「海東諸国記に従いて……」と記述する部分があるところから、地理的な情報は『海東諸国記』から得ていた面も認められる。

この時期にはいると、朝鮮国における実学派の学者のあいだには、百科全書的な学風が展開されていたので、ちょうど同じ時期に日本で印行された『和漢三才図会』は大きな関心をもたれたようであり、後には韓致奫の著述した大著の『海東繹史』にも『和漢三才図会』が引用されるという段階に入る。朝鮮国の実学派の学者たちは、大部の著述を著わしてはいるが、図版の入った著書はあまりみられない。日本の出版文化の発展と相俟って鮮やかに印刷された図版を見て衝撃を受けたのではないかと思われる。この『和漢三才図会』が朝鮮国に伝来した経路は、対馬の以酊庵(対馬にあった禅寺。江戸幕府は南禅寺を除く五山の禅寺の僧侶を交代に派遣して交流をはかっていた)の僧侶であった周宏が購入し、一七六三年度(癸未年)の朝鮮通信使の製述官南玉(一七二二〜一七七〇)に寄贈したと曺蒼録氏はいう。南玉著『日観記』(巻八、三月二七日条、「周宏為余、購倭漢三才図会来、行中略為披覧」)、或いは成大中(一七三二〜一七七〇)『日本録』の記述をその典拠としている。またこの時の通信使の正使曺命采(一七〇〇〜一七六三)の『奉使日本時聞見録』の「聞見総録」倭京条に、「今見倭国所謂三才図、則明言秀賊之侵朝鮮時事、而耳塚在於願堂大佛寺云、見此令人膽裂」)とあるところから、通信使の一行は間違いなく日本で『和漢三才図会』をみたとする見解がある(26)。

　通信使の製述官南玉が自分の持ち帰った『和漢三才図会』をどのように扱ったかについては不明であるが、その後利用厚生派の実学者たちが、盛んに引用するようになるには、一書だけでは足りなかったはずである。前掲の安大会論文では、柳得恭(一七三九〜一八〇七)、李徳懋(一七四一〜一七九三)、丁若鏞(一七六二〜一八三六)、李鈺(一七六〇〜一八一五)、成海応(一七六〇〜一八三九)、徐有榘(一七六四〜一八四五)、韓致奫(一七六五〜一八一四)、沈象奎(一七六六〜一八三八)、李圭景(一七八八〜?)、朴珪壽(一八〇七〜一八七七)の著述や『武芸図譜通志』・『和漢人物会略』などの書物に『和漢三才図会』の記述が引用されていることを明らかにしている。そのうち李徳懋は間違いなく『和漢三才図会』を所有していた(27)。

李徳懋は『本草綱目』、『群芳譜』、『和漢三才図会』などの書を所持して地方の長老たちに験す調査に回っていた。またかれは、日本史を著述した『蜻蛉日記二』の「與地」条をはじめとして、随所に『和漢三才図会』の記事を引用しているが、その孫に当たる李圭景は著書の『五洲衍文長箋散稿』のなかに『和漢三才図会』をさらに多数引用しており、その引用件数は一二六か所に及んでいる(28)。その一例をあげれば、日本における天主教についても、そのまま引用して、

倭は島夷と雖も、亦天主の匪教の如きは一切禁断している。これを磔け、これを斬り、さらに南蛮が本国に海を渡って来泊するのを禁じて邪を治め民を導くの経法を得。尚ぶべき者なり(29)

と述べている。その記述の典拠として『和漢三才図会』の記述内容をそのまま引用し(30)、自国の天主教禁圧の政策に同調している一面がみられる。同条に、申維翰の著述した『海游録』では雨森東が天主教について、マテオリッチを聖人としていて、言辞に倫《みち》がないと批判的に述べている記事を掲載し、朝鮮王朝政府が天主教禁圧政策をとっている記述などもみられる(31)。

さらに李徳懋が『青荘館全書』「蜻蛉国志」の異国条に記述している琉球、蝦夷などの記述内容は、『和漢三才図会』の記述内容とほぼ同じである。しかし、実学派の人士のすべてが単純な引用をしたわけではない。たとえば成海応は、

摺畳扇は倭より始まる、和漢三才図会に曰く、神功皇后三韓を征伐せし時、蝙蝠の羽を見て始めて扇を作る、……(32)

とある。摺畳扇という扇は、神功皇后が三韓を征伐した時に、蝙蝠の羽をみてはじめて作られたものであるというように引用しているが、神功皇后の三韓征伐に関してはなんら疑義を抱くようなことのない時代であったかどうかは別にして、そのまま引用しているものもあれば、柳得恭のように、

日本は東海中に在り、中国を去ること万里、最近我に於いて、その国に著せし所『和漢三才図会』なる書を取攷

すれば、則ち詩書礼楽戦陣の法、桑門外道博奕戯具に至るまで、我よりこれを得ざるなし、その国富風俗をみるに利に儇《さと》く、淫伎巧匠多し、……(33)

と述べて、その文化はすべて朝鮮国より得たものであると述べている。また李裕元（一八一四〜一八八八）は、

和漢三才図会に曰く、漢の河平（成帝の年号）年間に、任那国の人阿羅斯が日本に使臣として行くや倭皇は赤色の織物を与えたが、帰国時に新羅が軍事を起こし、その赤い絹を奪った。これが、二国が互いに怨恨を結んだ最初である。(34)

と記述している。この記述は、任那国の存在について特に考察していない当時の歴史認識を意味している。

しかし、実学派の大成者とされる丁若鏞は、資料の扱い方が慎重で、客観性を重視していた。たとえば、鴨緑江の位置について特定する際に、『通典』、『大明一統志』、『和漢三才図会』などの諸資料を併記してその位置を明確に把握しようとしている。(35)

つぎに、李圭景が『五洲衍文長箋散稿』の本文のなかで、『和漢三才図会』をどのように引用しているかについて一事例をみてみる。

胡椒為薬餌与調和飲膳、亦最緊物料、一日不可無者、我東素不産此物、専籍中原及日本、……(36)

という記述から始まって、胡椒の栽培状況について述べ、

……和漢三才図会、胡椒阿蘭陀商船将来之、番陀国之産、最良、近頃、有撒種生、其樹高二、三尺、葉似番椒、而厚亦似千葉梔子葉、四月開小白花、秋結子云、……

と述べて引用している。(37)

つぎに、『五洲衍文長箋散稿』において、典拠を示さずに『和漢三才図会』の記述をそのまま引用したとみられる

具体的な一例をあげてみる。

朝鮮国では、通訳官を養成するために設置された司訳院で日本語教育のための教材が整備されていたが、日本では主として京都大学国語学国文学研究室において浜田敦教授を中心に復元研究がなされ、復刻版が刊行された。それには『朝鮮資料による日本語研究』、『隣語大方』、『改修捷解新語』、『交隣須知』などがあるが、それらの教材の内容とは異なる漢字が取り上げられて論じられている。当時の漢文を中心とする漢字文化を共有する実学派の学者たちは、その著書などに「方言」という項目をもうけて、東アジア各地の言語の文字文化について論究するようになっていたが、日本語に関しては、通信使などから得た情報や自国の文化について考察するなかで、日本の文字及び漢字についても関心を抱く段階にはいっていたのではないかと思われる。かれらは本来の漢字の意味と異なる意味に用いている漢字や日本で作りだされた国字について関心を抱き、その意味に関する調査を行っていた。日本国内で使用されているのに、自分たちの漢字の解釈が異なる漢字があるところから、その漢字の意味を追求して、自分たちが誤って理解することがあってはならないと考えた。そして朝鮮王朝時代には全く用いられたことのない意味を持つ日本の漢字について考察している。たとえば「俵」という漢字のばあい、「俵」は漢字としては知られていても、日本のように藁で編んだむしろで米を入れて米俵というような保管するものは朝鮮王朝時代には存在しなかった。中国と同様に、竹で編んだかごのようなものに保管した模様で、生活文化の相違点が漢字文化を共通に持つなかで変転している様相が判明する。そうした点について、李圭景（一七八八〜?）は、

日本は、島夷、海蛮というと雖も、能く中国の文字に通ず。復渠《またかれ》の邦の土字有り。即ち土俗の書なり。既に我が国と交関すれば、その国の俗字は知らざるべからず。故に『和漢三才図会』及び申青泉維翰の『海游録』、我が王考（死去した祖父）炯安公（李徳懋〈一七四九〜一七九三〉の雅号）の『蜻蛉国志』に録する所の倭字を以ってす。

以って後考となせ(38)。

といっている。

李圭景は、上記の『五州衍文長箋散稿』のなかで、『和漢三才図会』において「倭字」として記述している日本では国字とされている漢字語彙について「日本土字」という項目を設けて記述している。それは『倭漢三才図会』が掲載している漢字語彙と解説がほとんど同じ内容であり、引用していることが判明する。

そこで李圭景が紹介している日本の土字について以下に列記してみる。【 】内に示した説明文は、李圭景が付した説明文である。下線を付した説明文は、『和漢三才図会』に記載された説明文と同じ説明文で、一部を省略したりしつつも、その全文をそのまま記述しているものが多い。

『和漢三才図会』の場合、表記した漢字にカタカナのルビをふってその読み方を表示しているにも拘わらず、説明の内容で、その漢字の読み方を提示しているのは、一般に日本人が読む場合には必要のないものであると考えられるので、これらの語彙の出典は、中国、或いは朝鮮国と考えられるだろうか。一例をあげると、『和漢三才図会』の最後に取り上げられている「逌」という字のばあい、カタカナで「逌《サスガ》」とルビを付しているにもかかわらず、説明文では、「或用流石二字、左須加為未忘本微讃之詞、歌人是謂志加須加爾、逌偵同探伺也」とあり、「或いは流石の二字を用う、未だ本を忘れざる微讃の詞と為す、歌人是を志加須加爾という、逌は偵同探り伺う也、字義当たらず」としている。「左須加」という読み方を提示しているのは、ひらがなのルビを読めない漢学者たちへ漢字音で読めるように配慮したものであろう。

殿【大臣貴族称殿。今通俗相貴称殿】

様【中古以来。世俗絵以様字為尊貴称。以殿字為同輩之称】

辻【街衢。会意】〈会意とは、漢字の構成法の名称で、二つ以上の漢字を意味の上から組み合わせて新たな一字を作ること。〈筆者註〉〉

峠【山嶺之字。会意】

灘【倭為大洋之訓】

沖【海遠於汀曰沖】

雫【出《続字彙補》而義闕。倭為涓滴字】

梺【麓之俗字】　麓の俗字。麓の俗字としていて、会意としていない。

杜【倭以為林森】

藪【俗以為竹叢称】

萩【蒿之類也。倭以為天竺花也】

杜若【為燕子花訓】

薄【倭以為芒字訓】

款冬【誤以為棣棠花】

椿【誤以為海石榴】

槙【木密也。木項也。木之俗字】

椹【俗以為杉檜之属】

柾、槙、樫【三字共以訓為偏旁。俗字。樫。槲木也。】

※『和漢三才図会』では、これらの三字は一字ずつ別個に表示している。この項目は李圭景が独自に作成したものと思われる。

芝【倭以為小叢茂生之称】

樫【槲木名。性甚堅。俗以偏旁訓之】

榊【似檀木。以供神前】

栬【書朴〈『倭漢三才図会』では「書朴」は「諸木」になっている〉秋月紅葉。皆唱正。〈『倭漢三才図会』では、皆称栬之俗字とある〉

椈【鉤栗之俗字】

椙【杉之俗字】

栂【俗云止加。似椵。竪実也。木名。俗字】

杣【入山斫木。総為杣人】

籾【俗穀字】

糀【俗米孼字】

枌【小片木葺屋之称】

餠【以米麪造者。今云団子。】

樋【木名也。而倭以為水竇之稱】

轡【俗為銜名也】

※『和漢三才図会』には、「馬の韁なり、而して俗に銜の名と為すは誤りなり。」とあり、李圭景は明らかにこの字

の解釈を誤って紹介している。

梶【《続字彙補》云。梶樹杪也。而倭為舟舵字】

鏜【鎗之俗字】

俵【散也。倭以為穀笣之名】

※朝鮮半島では藁製の穀物をいれる包みはなかった。竹製の籠状の入れ物として紹介している。

鎹【검얼못。出《延喜式》。今又用鎵字】

鏈【鏠之俗字】

繢【繰絲於紡車。而纑為丈尋者】

躮【父称子曰躮】

聟【俗謬壻字。與婿同】

伽【宿直伴人曰伽】

鯟【似鯉魚也】

鮴【鯉之属也】

※この字は、『和漢三才図会』には、項目として設けられていないが、上記の鯟の項目の説明に、「鯟（音東）似鯉魚也鮴（音兆）鮎之属（並為仁志牟字和字也）とある。この字は朝鮮半島では存在しない漢字であるところから、李圭景が敢えて項目として取り上げたのではないか。鯡《にしん》の字と酷似しているが、漢字が異なるので項目として取り上げられたものと考える。

鰺【鰠同。魚腥也。俗以為小魚名】

鱧【倭以為海鰻名】

鰆【倭以為馬鮫】

鰹【鮦之大者。倭以為鮪属為𩵼（『倭漢三才図会』は、倭以為鮪之属為𩵼）。甚堅】

鮎【鰋也。而俗以鰷、以鯰為鮎。非也】

鮹【形似鞭鞘海魚。而倭以為章魚者。非也】

鯣、鯣【共鱺也。倭以鯣為鰲鱡者。誤也】

鰤【老魚有毒者。倭為鮪之属】

鱖【俗為鮭。非也】

鰯【海鰮之俗字】

鱈【大口魚之俗字】

鰍【京師名眼白。関東名以奈太。共正字。未詳。】

郭公【杜鵑之俗字】

鸐【鶸】

鵜【俗以為鸕鷀之訓】　※鸕鷀は、가마우지（ペリカン）。

扨【俗用発語。近于然字。又用偖字。音奢。裂也】

込【為入満之意】

適【《旧事本記》及《古語拾遺》等。用天晴二字。多為讃美詞】

迚【與雖然。義相近】

俤【為面影之訓】

※「面影（記憶に浮かび上がる姿）」という語は、朝鮮時代の単語には存在しない。単なる「面容」の意味のみに用いられる。

働【行動竭心力之義】

躮【教礼訓法之小学。俗曰躮】

聢【決定之義】

姺【好艶美。整容貌者。為姺】

軈【与頓同訓。言矢之行也】

閊【否塞之義。如門前有山也。】

匂【俗為香馥訓】　俗に香馥の訓となす。

觸【俗訓為告示之義】

掟【禁制條目教令謂之掟。道書所謂天掟相当。】

拵【与調同義。拵新作成之義。】

認【封書札。裹行李。皆謂之認。】

揓【凡材木及米俵積層。皆曰揓。】

社【官祠之名也。然倭為助語字。】

噅【俗推量是非之詞也。按不精明也。】

抔【倭訓代用等字】

倩【与熟同義】

忝【凡為謝礼之詞】

逌【或用流石二字為未忘本。微讃之詞。】〕

以上は『和漢三才図会』からの引用漢字。

鈖【本玉名。泥金曰鈖。借用。】

畠【字書無。《倭名抄》。載《続捜神記》江南畠種豆。又名嘆。耕麦地也。】

※典拠は、『青荘館全書』巻五七　水田・畠条

町【一町為六十歩也。一歩。六尺五寸。】

銑【俗以生鉄為銑】

以上の漢字を日本の土字として取り上げている。それ以外に、下記のように『海游録』（巻下　聞見雑録）に見える若干の魚類に関する語彙について紹介し、説明を加えているが、ここにあげた語彙が『和漢三才図会』に掲載されているという典拠は示していない。

『海游録』（巻下　聞見雑録）

倭以銀口魚曰鰷

道味魚曰鯛。

古刀魚曰鮎。

大口魚曰鱈。

古刀魚或曰鯖。
魴魚曰紅魚。或曰鰤。
鰱魚曰鮭。
烏賊魚曰鰏。

以上のように考察してみると、一八〜一九世紀の朝鮮国においては、特に利用厚生派の実学者といわれる学者たちのなかに、日本で刊行された『和漢三才図会』を高く評価し、そのまま受容して自分たちの著述のなかに大量に記述していた学者がいたことが判明する。なお本書の対外認識に関しては、「『和漢三才図絵』の「朝鮮国語」について」（宣憲洋、「言語センター広報」第六号、一九九八年三月、小樽商科大学言語センター）及び「近世日本の対外認識・日本から見た十七世紀末の世界」（位田絵美、名古屋大学国際研究科博士論文、二〇〇〇年）の論考があるが、いずれも簡単な紹介にとどまる考察である。

結　言

一六〜一九世紀の朝鮮国・日本国の文献交流は非常に盛んに行われていた。それには豊臣秀吉の朝鮮侵攻によって、多量の文献が将来されたこと、ついで徳川幕府による朱子学の積極的な導入政策によって、朝鮮通信使の往来のたびごとに朱子学を国是としてきた朝鮮国側の儒者官僚との交流によって将来されたこと、さらに西洋医学が導入されていない時代においては、東洋医学が主流であったことから隣国の朝鮮国の医学書が導入されたことなどをあげることができよう。そうしたなかにあって、朝鮮半島の歴史を記述した文献は朝鮮初期にはあまり多くなく、『三国史記』、

『東国史略』、『高麗全史』、『高麗史節要』、『高麗史全文』、『三国史節要』、『東国通鑑』などに限られていた。したがって、日本の諸学者は朝鮮半島の歴史について十分な知識を得ることができなかったように思われる。朝鮮国自体には、『王朝実録』などが編纂されて詳細な記録が存在してはいたが、それは大量であり、また国家が管理していたので、閲覧することなどは困難であった。

そのいっぽうで朝鮮国にも大量の日本の文献が渡っていた。朝鮮国の諸学者はそれを活用して日本文化を理解しようとしたので、『倭漢三才図絵』などを利用して、日本で作りだされたいわゆる国字の研究まで行われていたことが分かる。

註

（1）これについては金仙熙「韓国における「歴史叙述」の問題――林泰輔『朝鮮史』の受容を中心に――」（『東アジア文化交渉研究』第三号、関西大学文化交渉教育研究拠点、二〇一〇年）などがある。

（2）『世宗実録』世宗一六年〈一四三四〉四月二七日条に、「上曰、三綱、人道之大経、君臣父子夫婦之所当先知者也、肆予命儒臣編集古今、幷付図形、名曰『三綱行実』、俾鋟于梓、広布中外、思欲択其有学識者、常加訓導、誘掖奨勧、使愚夫愚婦皆有所知識、以尽其道、何如、都承旨安崇善啓曰、上教允當、於是、命中枢院使尹淮製教書、其辞曰、　予惟降衷秉彝、生民之所同、厚倫成俗、有国之先務、世道既降、淳風不古、天経人紀、浸以失真、臣不能尽臣道、子不能供子職、婦不能全婦徳者、間或有之、……（中略）、爰命儒臣、編輯古今忠臣孝子烈女之卓然可法者、随事記載、幷著詩賛、尚慮愚夫愚婦未易通暁、付以図形、名曰『三綱行実』、鋟梓広布、庶幾街童巷婦、皆得易知、……」とある。

（3）①徳田進『孝子説話集の研究：二十四孝を中心に』（井上書房、昭和三八年）②拙稿「朝鮮王朝初期の旌表教化政策について」（『朝鮮学報』第八一輯、昭和五一年一〇月）③拙稿「『続三綱行実図』と教化教育」（『朝鮮学報』第一〇五輯、昭和五七

年、朝鮮学会）④崔博光「朝鮮通信使と日本文学――『三綱・続三綱行実図』を中心に――」（『大東文化研究』第二二輯、一九八八年、成均館大学校大東文化研究院）④金永昊「近世初期『三綱行実図』受容様相の考察」（『日語日文学研究』Vol.74、No.2、韓国日語日文学会、二〇一〇年）ほか。

（4）中村幸彦「朝鮮説話集と仮名草子――『三綱行実図』を主に――」（『中村幸彦著述集』第五巻、中央公論社、一九八二年）ほか。

（5）朝鮮半島の医学史に関しては、『朝鮮医学史及び疾病史』（三木栄著、私家版、一九六二）及び『江戸時代朝鮮薬材調査の研究』（田代和生著、慶応大学出版会、一九九九）があり、詳細に研究しつくされている感がある。

（6）王命により中国から渡来した中国医書を類聚して編纂し、世宗二七年一〇月二七日まで三年かけて編纂し完成（『世宗実録』第一一〇巻、世宗二七年一〇月二七日条参照）。全三六五巻。三木栄氏は、分量が膨大であるために印行されたのは成宗八年のことで、二六六巻であったとする。『朝鮮王朝実録』には印行に関する記録はないが、世祖五年に、世祖は梁誠之に『医方類聚』の校正を命じており（『世祖実録』巻第一八、世祖五年一一月三〇日条参照。）、さらに同一〇年一月には、校正した『医方類聚』に錯誤が多かったとして、孫昭、柳瑶など一七名を免職、韓致良など四六人の降格処分を命じている（『世祖実録』巻第三二、世祖一〇年一月一一日条参照。）ことからして、再販が刊行された可能性は考えられる。

（7）『成宗実録』巻一八三、成宗一三年二月一三日条の梁誠之の上疏文参照。

（8）『東国史略』に関しては、鄭求福、「『東国史略』にたいする史学史的考察」（「歴史学報」Vol.68、韓国歴史学会、一九七五年）参照。

（9）『成宗実録』巻一八三、成宗一三年、二月一三日条に、「『銃筒』、兵家秘書也、世宗朝、崔山海及臣妻父邊尚觀、各受一件、專掌火炮之事、去丙辰年、尽令入内、慮至周也。今春秋館有一件、文武楼有二十一件、万一奸人偸竊、以為利、則生民之害、可勝言哉、臣願今後、御覧一件外、倶以諺文書写、内外史庫各蔵一件、称臣堅封、軍器寺置一件、提調堅封、其余漢字書写者、並皆焚之、以為万世之慮。」

（10）『成宗実録』巻一八三、成宗一三（一四八三）年、二月一三日条、梁誠之の上疏文に、「近日永安道観察使請《高麗史》、以教境内之人、臣意以謂、《高麗史》備記戦攻勝敗、固不軽示於人、況本道山川懸遠、境連野人、前有卓青、趙輝之事、後有逆賊施愛之変、凡事不可不預防、而曲図之也、乞命還收《麗史》、蔵之史館、仍加賜書五経各一件、幸甚」

(11)『粛宗実録』巻五一、粛宗三八（一七一二）年四月二二日条に、「校理呉命恒因文義達曰、聞信使所伝、故相臣柳成龍所撰懲毖録、流入倭国云、事極驚駭、今宜厳立科条、別様禁断、上令廟堂、酌定科条、厳加禁断」

(12)『粛宗実録』巻五一、粛宗三八（一七一二）年五月二〇日（壬寅）条に「領議政徐宗泰又以呉命恒所達倭国書冊痛禁事、稟奏曰、中朝出来書籍、不当一例禁刷、即一切禁断、論委潜売之律、閑謾不緊之書、則参酌以次律論之似宜、上命中国書冊外、我国文籍、一並厳禁、現発後随軽重勘罪、」

(13) 宗政五十緒『近世京都出版文化の研究』のⅡ近世京都の書林、一　出雲寺和泉掾条の二一五頁に記載されている白水の書状に、この一本を所蔵していたのは、「加賀の羽林」と記されている。

(14) 所蔵図書館は天理図書館、九州大学付属図書館、東京大学史料編纂所図書室、島根大学付属図書館。

(15) 未見：『新刊東国通鑑』山田茂助、江戸後期。辻達訓点。東京大学農学生命科学図書館。

(16)『新刊東国通鑑』一八八三年補刻。見返しに「明治十六年補刻。京都出雲寺松柏堂蔵版」とある。所蔵図書館は東京大学駒場図書館。

(17) 岩波文庫、一九九二年一二月。

(18) 柳成竜著。四巻、一六九五（元禄八）年。貝原篤信序文、大和屋伊兵衛写版。訓点送り仮名付き。

(19)『太宗実録』第六巻、太宗三年八月三〇日条に、「乙亥、左丞相河崙等、進新修東国史略、崙與権近、知議政李詹修之」とみえる。

(20)『世祖実録』第五巻、世祖二年一一月四日条。

(21)『世祖実録』第四〇巻、世祖一二年一一月四日条。

(22)『睿宗実録』第六巻、元年六月二九日条。

(23)『青荘館全書』巻之六四、蜻蛉国志、芸文条参照。

(24)『倭漢三才図会』人部、巻第一三、異国人物、朝鮮条。

(25)同上。

(26)安大会「一八・一九世紀朝鮮の百科全書派と『和漢三才図会』」「大東文化研究」第六九輯、成均館大学校東アジア学術院、大東文化研究院、二〇一〇年。書蒼録「『林園経済志』を通じてみた徐有榘の日本認識──『和漢三才図会』を引用した事例を中心に──」成均館大学校東アジア学術院、大東文化研究院、二〇一二年を参照。二〇一一年一一月には学習院大学でも発表。

(27)『青荘館全書』「刊本雅亭遺稿」巻七に、馬樻木について述べているが、「馬樻木只知為鞭与杖、而不知為何物、恨不与足下齎『本草綱目』・『群芳譜』・『和漢三才図会』等書、逢田父野叟、除其俗名、仍為図経也、……」とある。

(28)韓国古典翻訳院のデータベースにより検索した結果による。

(29)『五洲衍文長箋散稿』斥邪教弁證説条に、「倭雖島夷。亦如天主之匪教。一切禁断。磔之斬之。竝禁南蛮来伯本国。渡海。能得治邪導民之経法。可尚者也。」

(30)『倭漢三才図会』巻第六四、天竺条に、「近頃諳厄利亜、以西爾尼亜及阿媽港、呂宋等南蛮人、用耶蘇法、流俗云、切死丹伝于日本、而日本西人泥其宗門者、多矣、乃非訳氏紅説、而以為邪法、故日本厳禁之、磔其魁首斬罪同類、若悔先非、復仏法者赦之、於今其子孫称転人類属焉、於是寛永十五年以来、不許南蛮船入湊、又禁日本渡于異国」とみえる。

(31)同上書、同条に、「申青泉《海游録》馬島書紀雨森東曰。西洋一船来泊日本南海自称洋国教主。以其君命。教導万国云。其所謂教。以利瑪竇為聖人。語多無倫。自国設禁。不使相通。遂怒而帰云。日本雖島夷。亦知天主教之為邪学。可尚也。」とみえる。

(32)『研経斎全集』外集巻六一、筆記類○蘭室譚叢　摺畳扇条に、「摺畳扇始自倭、和漢三才図会曰、神功皇后征伐三韓時、見蝙蝠羽、始作扇、……」とある。

(33)『冷斎集』巻之七、序、日東詩選序に、「日本在東海中、去中国万里、最近於我、取攷其国所著和漢三才図会書、則詩書礼楽戦陣之法、以至桑門外道博奕戯具、莫不自我得之、顧其国富風俗儇利、多淫伎巧匠、……」とある。

(34)『林下筆記』第一一巻、文献指掌編、新羅與阿羅怏宿始初条を参照。
資料：『和漢三才図会』巻六四、任那国

(35) 丁若鏞『與猶堂全書』第六集、地理集、第五巻、○大東水経　大東水経其一　渌水二条参照。

(36)『五洲衍文長箋散稿』巻一一、胡椒弁証説条。

(37) 同上書、同条。

(38)『五洲衍文長箋散稿』詩文篇・論文類、文字　日本土字弁証説条に、「日本雖曰島夷、海蛮。能通中国文字。復有渠邦土字。即土俗書也。既与我国交關。則其国俗字。不可不知。故以和漢三才図会（『和漢三才図会』では、こうした漢字を「倭字」と称している）及申青泉維翰《海游録》。我王考烔庵公《蜻蛉国志》所録倭字。以為後考」

第二章　日本の諸学者の朝鮮半島理解と始祖伝説認識

緒　言

徳川時代は日本と朝鮮国との間には平和な時代が続いた。朝鮮国の使節は十二回往来したが、徳川幕府は沿道の諸大名に命じて手厚くもてなし、賓客として優遇した。藤原惺窩、林羅山、山崎闇斎などの儒者たちは朝鮮時代の儒学、特に退渓李滉の儒学を学び尊敬したという理解が一般的になされているが、(1)「一面それは徳川政権の封建的秩序を確立しようとするための学問であった」とし、「徳川時代の日本の国学者や儒学者の認識が朝鮮観の形成のうえに重要な問題を孕んでいる」と指摘されたことがある。(2)この指摘があっていらい、近年、それに関する研究が進展してきた。熊沢蕃山（一六一九～一六九一）は、日本は中国には及ばないが、朝鮮、琉球、日本のうちでは日本がすぐれ、日本に及ぶものはなく、朝鮮は日本より劣るとしていること、また山鹿素行（一六二二～一六八五）は豊臣秀吉の朝鮮侵略を賛美し、朝鮮はもと日本の属国であり、文武ともに日本に及ばずとしていて、素行の朝鮮蔑視観は『日本書紀』に依拠していること、また近世の日本における朝鮮蔑視観は家康などにもすでに存在し、日本における思想文化の底流となっていたとする主張がなされた。(3)また寛文期の山鹿素行あたりから華夷意識にもとづいて朝鮮を蔑視する態度が強まるとの説もある。[4] そうした朝鮮蔑視観[5]は以後の朝鮮侵略論の布石をなすものとなったとする研究[6]もみられる。しかし日本人になぜ朝鮮蔑視観が生まれたかという原因について論究した具体的な研究はこれまでほとんどみられない。ここでは日本人の朝鮮史認識と蔑視観形成の要因になったのはなにかについて、まず一六～一九世紀までの間にどのような文献の交流が行われ、相互の理解に影響を及ぼし、それによって相互の諸学者認識がどのように形成されていったかについて考察を試み、そうした理解・認識が日本・朝鮮の始祖について、日本では素戔嗚尊と五十猛尊であったという説及び朝鮮半島の始祖は檀君であるという説の展開について考察する。

一、日本の諸学者の史的理解と始祖認識

（一） 国学者のばあい

① **本居宣長**（一七三〇～一八〇一）

本居宣長は、日本に隣接する朝鮮国や中国などをはじめとする東アジアや西域に至るまでの諸問題について論究し、その内容を一七七八年（安永七）に記述を終えた『馭戎概言』[7]において明らかにしている。それには、日本、朝鮮、中国の三国で編纂・刊行された史書を引用して年代と史実の考証を行いながら作業を進めているが、そこにみえる史書名はつぎのようである。

①中国文献：『皇明世法録』・『前漢書』・『通伝』・『後漢書』・『隋書』・『北史』・『魏志』・『梁書』・『晋書』・『宋書』・『宋史』・『南史』・『旧唐書』・『唐書』・『新唐書』・『文献通考』・『元史』・『明史』・『両朝平壌録』・『文苑英華』

②高麗・朝鮮国文献：『三国史記』・『東国通鑑』・『懲毖録』

③日本国文献：『日本書紀』・『古事記』・『扶桑略記』・『続日本後紀』・『三代実録』・『延喜式』・『経籍後伝記』・『聖徳太子伝暦』・『朝野群載』・『殊号事略』・『日本紀略』・『類聚国史』・『性霊集』・『善隣国宝記』・『清正記』

本居宣長の記述によれば、過去に漢と唐という国が長く存在したので、それらが滅びた後も漢、唐などと呼んできた。そこで日本でもこれらの二国の名を呼び、また唐の字をもろこしともからとも呼んでいるというところから、もろこしの国という地域名称を用いて、そのもろこしの国というのは、筑紫のはるか西方の海中にあり、それをまたから国というとしてそのから国のからに「戎」というルビを付している。つまり東方をえみしというように、西方の諸外国をから国と呼称するとし、このもろこしというからは、韓のからの西南方につづいており、非常に大きな国であり、胡の天竺などという国までも続いていると理解していた。その地理的位置の方向なり、広大な国家が存在するという理解いがいに、東方をえみしといい、西方を戎と呼んで、そのいずれの地域も日本よりも鄙びた地域であるとし、日本を中心的な存在と考える皇国の優位性を打ち出している(8)。

また日本を中心にして外国を考える前提として、朝貢関係に基づく交流を念頭に置いていた。その点では山鹿素行の見解と同様である。

最初に崇神天皇の代に、初めて外国の小国からの朝貢を受け、ついで六十五年の秋に任那から使節が来て貢物を奉ったことをあげる。その国は後の代まで戎であるから、初めて外国から貢物を奉ったことになるとする。垂仁天皇三年に新羅国王の王子天日槍が来たこと、さらに神功皇后が神の指示を受けて新羅を討ち、国王から様々な誓いを受け、毎年舟八〇艘の貢物を受けることになったが、このとき高句麗と百済も臣服し、これ等の三韓が日本に朝貢するようになっていたことはよく知られていると述べる(9)。

そして本居宣長は『三国史記』や『東国通鑑』などの書には、一言もそうした内容について記述せず、皇国のことを対等の国のようにいっているのは、過去に臣下として仕えたことを嫌い、省略しているからであって、中昔までは、間違いなく使節を派遣して絶えず貢物を奉ってきた。そのことについては『隋書』にも「新羅百済皆以レ倭為三大国多二珍物一。並敬仰レ之。恒通レ使往来」と記している。また明代の『皇明世法録』にも「其ノ属国有二五十余一。新羅百済莫レ非二属国一」と記述していることからしても『三国史記』・『東国通鑑』の記述内容は真実を述べていないことを知るべきであるとする。(10) これは松下見林と同じ見解である。

百済は神功皇后の時代から、内宮家国として皇国の御縣に異ならない慈しみを受けてきた。しかし新羅はともすればそむいたりもしてきた。百済は新羅・唐によって滅ぼされ、高麗も滅びてしまった。聖武天皇代に高麗から渤海が出て使節を派遣して上表と貢物を奉り、延喜のころまで絶えることなく続いていた。しかし程なく高麗の王建が高麗を名乗り、後小松天皇のときに滅亡し、そのあとに臣下の李成桂というものが代わって立ち、朝鮮と改めて名乗っているが、昔を思えば、この朝鮮は今も琉球などと同じように大御国には臣と称して仕え奉るべき国であるとし、朝鮮半島の国家は日本に朝貢関係を結ぶべき国であると考えていた。(11)

仲哀天皇代に、新羅の国を討つようにとの神の指示があったが、天皇はそうした国が存在することを疑って高い山に登って大海原をながめたところ、そうした国は見えなかったので、神の空言であると考えたと言い、また神功皇后が新羅の国を討とうとした時も、まず吾瓮のあま烏痲呂を西の海に遣わしてそうした国があるか確認をさせたが、そんな国は見当たらないと答えたこと、そこで再び磯鹿のあま名草を遣わして調べさせたところ、西北のくもいはるかに山が見えたので、国が存在するのではないかと答えたとしているところから、新羅の国がどこにあるかについても十分な知識もない状況にあったと記述しているので、神功皇后の新羅征伐という話を疑問視していたのかもしれない。

雄略天皇の七年に、吉備上道臣田狭を任那の国の宰として遣わした時（『日本書紀』巻第一四　雄略天皇七年是歳条）に、この田狭が新羅と結んで皇朝にそむいたことが有り、同九年には新羅の国もまた背いたので（『日本書紀』巻第一四　雄略天皇九年三月条）、それを鎮めるために派遣した将軍たちが争いあったこと、顕宗代には任那の国にあった紀生磐宿禰が三韓の王になろうとして自ら神聖と名乗ったりしたこともあるとして、任那国における日本の軍人たちの行動についても批判を加えている（『日本書紀』巻第一五　顕宗天皇三年是歳条）。高句麗が新羅を攻略した際、新羅王が任那王に日本府の膳臣斑鳩吉備臣小梨難波吉士赤目子らに新羅を救わせたが、このときは新羅が皇朝に背いていたのに日本府の元帥などがかえって新羅を救おうとしたのはすべて田狭の一党であろうとしている。そこで紀小弓宿禰・蘇我韓子・大伴談連・小鹿火宿禰などに新羅を討たせたと『日本書紀』に記述されている（『日本書紀』巻第一四　雄略天皇九年三月条）と述べ、また昇明二年には「征₂新羅₁将軍吉備臣尾代」云々などともみえるとして新羅の罪は重いとする。

天智天皇二年九月（六六〇年八月二八日）に、白村江の戦いにおいて新羅・唐の連合軍によって百済・日本の連合軍が敗れて百済は滅亡するが、翌年三月に唐の百済鎮将劉仁願から郭務悰を遣わしてきたことを『善隣国宝記』の海外記を引用して記述している。それによれば四月に対馬に到着したのであるが、皇朝の御軍にたむかって百済を滅亡させた唐は皇朝の賊であるとして対馬から帰らせている(12)。

その後斉明天皇の代にはいってようやく天皇は、唐と新羅に対するいきどおりを許されたとしている。そして唐と新羅の日本に対する歴史的な関係と日本に対する両国の姿勢を論じた後、

天皇をいただき奉りながら。よしなきから国の王を。いささかもたふとみいふべきことわり有なんや。儒者などの心に。もろこしの国にまさりて尊き国はなく。その王を天子とあがむべきは。天地のおのづからなることわり

のごとくおもひをるは。いともいともこころえず。……(13)

とみえるように、徳川時代の日本の儒者たちが、天皇を奉る日本であるのに、日本をないがしろにして中国を尊んでいることを批判する。さらに

又もろこしを中国中華などといふことも。……近き世になりては。学問の道あきらかになりて。儒者などは。かうようのことの心をも。いとよくわきまへしりながら。ことさらにいふなれば。そのつみこよなく重きぞかし。(14)

と述べて、斉明天皇が百済を滅ぼした新羅と唐の罪を許した後は、学問の道、つまり日本の天皇を中心とすべきことが明らかになってきたにもかかわらず、日本の儒者たちが中国を崇拝している状況にはきわめて罪深いものがあるとする。また豊臣秀吉の朝鮮攻略については、

……同（文禄）二年夏。明の使参りしをり。かの四人の人々へ仰せし御書にも。兵を将て大明を征せんと欲す云々。いふこと有リ。これらをもて見るに。もと明の国うち給わんの御心なりしことは。疑いもなし。然るを朝鮮王。明におぢて。おおせにしたがい奉らず。なおざりに思いすてて。久しく御かえりことをも申さざりけるがゆえに。その御いかり深くて。まずかく朝鮮をきびしくはせめさせ給いしなりけり。……(15)

と述べて、明を攻略することを朝鮮国に伝えたにもかかわらず、朝鮮国王が明に怖じて返事をなおざりにしたために、まず朝鮮国に厳しく攻めさせることになったとする。その後の和平交渉についても、小西行長が中国の沈惟敬に託した書に、中国に朝貢しようとしたが朝鮮が許さなかったので、事態がこうなったと記述している事及び中国の使節を天使と呼んでいるのは間違っている。天皇に対して天使と用いるのならば差支えない。秀吉は只恨みを晴らすためであると先の文書で述べていたはずであるのに、勝手に内容を書き換えているのは秀吉の意に反することであることを強調している。そして講和のための条文に用いられている字句について検討を加え、天皇や日本側にとって失礼であ

ると考えられる用語については鋭く批判する(16)。

いっぽう、この戦争について政治・外交的な立場を離れて、両国の国民の動向に注目して、次のような見解を披歴している一面もある。

……行長又其外の人々も。おおくはしらぬさかいに年月をかさねて。くるしきいくさにたづきぬれば。国恋いしくて。いかでとくかえらばやと思う心深きにそえて。さばかり大きなりときく(17)。

とあるように、従軍している兵士たちは異国で長期にわたり、苦しい戦いを続けたためになんとかして早く帰りたいと思う心が強いので、譲歩するような外交を行ったのであろうと兵士たちの心情に深い思いを向けている。またいっぽうで朝鮮国の国民にたいしても同情を傾けている。

……又御軍の人々。いきおいにまかせて。心なき虎狼よりけにいちはやくあらびつつ。朝鮮の罪なき民共を。いたくそこないくるしめさせ給いしも。いとあじきなし。これはた始めより深くいましめつかわすべかりけり。大かたこれらや。神の御心にはかなわざりけむ……(18)

とあるように、朝鮮国の罪もない国民を痛めつけ苦しめさせたことは非常によくないことであり、最初から戒めるべきことであった。これらの事は、神の心にもかなったものではないとさえいっている。豊臣秀吉の死後、全軍が帰還したことをよしとし、つぎの徳川時代にはいってからについても

はるけき四方の国々よりも。みつぎ物たてまつり。かのもろこしの国はた。むつび給わね共。おのづからそのくにつものも。あまりある迄。年毎に千船百船につみもてもうで来て。万にたらわぬ物もなく。大かた大将軍の御いきおい。天地のあいだにかがやき給えば。その国王はた。ついにことわりの如く。みやつことまうして。まつろまゐりなん物ぞ。あなめでた。あなとおと(19)。

と述べて、日本は諸外国から貢物をたてまつり、臣と称して従うことになる国であると日本を中心に考える思考方向は変わっていない。

そして始祖論議については、藤貞幹の著した『衝口発』（天明元年・一七八一年）にたいして強く反論する『鉗狂人』（天明五年・一七八五年）にあらわれる。

本居宣長は『日本書紀』・『古事記』の記述については、当然周知していたと思われるが、素戔嗚尊が新羅の国に天くだったことについては、「記録にみえているが、ただその名前だけが伝わっているのみで、本当にその国が存在するのか存在しないのかについてはっきりと知っている者もいなかったのであるから、この時代にあってもそうした状況にあったのである。……任那の国の人が来たというが、どこにある国なのかそれ以前のこともはっきりとせず、ましてそれより先の世のことは思いやるべし」と述べて、素戔嗚尊が新羅の国に赴いたという説については疑問を呈しているようにみえる。(20)

それをさらにはっきりと述べているのが本居宣長の著述した『鉗狂人』（一七八五年成立。文政四年・一八二一年刊）にみえる『衝口発』（藤貞幹著天明元年・一七八一年刊）にたいする反論である。藤貞幹は日本の書籍以外に、『史記』・『前漢書』・『後漢書』・『魏志』・『晋書』・『隋書』・『三国史記』・『東国通鑑』・『事物紀原』・『三才図会』などを読破していたようであるが、藤貞幹は古代朝鮮の歴史について次のように述べる。

辰韓は秦の亡人にして。素戔嗚尊は辰韓の主なり。……（割注）按ずるに次次雄は即ち素戔雄なり、古音相通ず、然れば則ち新羅の君長たること明白なり。(21)

とし、また素戔嗚を次次雄と読んでいる以外に言語の面でも、本邦の言語は音訓ともに異邦より移りきたもので、「忍穂耳」は古本の日本紀の仮名で「オシホニ」と読み、新羅本史の「居西干」である。「瓊々杵」は「尼師今」で韓語である、と主張した。[22]

これに対し、本居宣長は

此段皇国をもろこしの秦の代より後の事なりとし。又何事も皆韓より起れりとする。論者の趣意の本也。然れ共須佐之男命を辰韓の主といふこと。さらに拠なし。因りて按ずるにこれは神代記に。此神新良の国に降り給へりしことあるをもて拠とするなるべし。そは新良即ち辰韓と心得ていふめれ共。これ大いに誤れることなり。抑《そもそも》須佐之男命は天照大御神の御弟命にましませば。かのもろこしにては。周武王が箕子を朝鮮に封ぜし時などよりも。数百万歳以前の神にてましませば。……まづ新羅を辰韓と心得たること麁忽なり。……[23]

と反論し、皇国を秦代より後に成立したとして、須佐之男命を辰韓の主であるとすることは全く根拠がないと否定した。その論拠は神代記（『日本書紀』筆者註）にこの神が新羅の国に降りたまえりと記述されている事からであるが、それは大きな誤りで、しかも新羅を辰韓であると見ていること自体がおろそかであると反論している。ついで『魏志』・『北史』・『南史』・『唐書』・『漢書』・『後漢書』・『晋書』・『宋書』・『魏書』・『史記』などにみえる朝鮮伝・新羅伝などの記述を検討して、藤貞幹の史的理解が誤りであることを指摘する。

今此の論者の意は。須佐之男命を韓人也といふを根本として。万の事皆韓より起れりとするものの。……[24]

と述べて、あらゆる事象はすべて韓から生じたものであると主張する『衝口発』に強く反論する。さらに藤貞幹が

神代紀ニ素戔雄尊ハ辰韓ヨリ渡リ玉フ、故ニ新羅ヲ父母ノ根ノ国トイフソレヲ素戔雄尊此国ノ御人ナルヲ此邦ヨリ逐ヤラヒテ新羅ノ蘇志摩利ノ地ニ在リトイヘリ然レハ三韓蕃賓日本之神胤ノコトモ此方ヨリ掩ヒカクスニ事ヲコタリタルナリ年代ヲモ立カヘ存スヘキヲモ削リ文字を種々ニ書改メタルヲ直筆トハ云ヘカラズ……。[25]

とする記述について、本居宣長は

これは神代紀に。吾れ母に根の国に従わむと欲し、此神の給へる事也。根の国といふは夜見の国のことにて。伊邪那美命のまします故に。母に従うとのたまへり。古事記にも同じく妣《ハハノクニ》国とこそあれ。父母の国とのたまへる事は。何の書にも見えざるを。母ばかりの国といひては。人の信ずまじきを恐れて。私に父の字を加へてまぎらかせる巧みこそをこなれ。そのうへもし根の国といふが新羅にして。此の神其の国より渡り給へることを掩ひかくす物ならば。母の国とも記さるべきにあらず。況や父母の国とはいかでか記されむ。かやうの事共をよくも思ひはからずして。みだりにいへる故に。皆しひごとなることのあらはるるぞかし。[26]

と述べて、母の国を新羅としたり、父母の国などとみだりに言っているのは皆無理に主張していることであると批判する。

② 平田篤胤（一七七六～一八四三）

平田篤胤は、その著『古史徴』において、素戔嗚尊がその子の五十猛神をひきいて新羅の国の曾尸茂利に降ったこと及びその地にいたいとは思わず埴輪の土で舟を作り、東に渡って出雲国の簸川に到着したという記述があり、[27]また五十猛尊が下り降りた時、多くの樹種を持って降ったが、韓の地には植えず、ことごとく持ち帰って筑紫より植え始めたとする。[28]また、韓神《カラノカミ》曾《ソ》富理神《ホリノカミ》は、五十猛の神のまたの名であることなどは第七四段に記述しているとして、『日本書紀』・『古事記』の説を踏襲しているのは伴蒿蹊と同様である。[29]

その論拠として、『内侍所御神楽式』及び筆者未見といいつつ、『大宗秘府略記』に記述されていることをあげている。

③　落合直澄（一八四〇〜一八九一）

明治維新後に、伊勢神宮・豊受大神宮・出雲大社などの禰宜を歴任して明治二二（一八八九）年には皇典講究所で教鞭をとった国学者の落合直澄の見解をみてみる。

著書の『太古史年歴考』（明治二四年一月刊、発行者吉川半七）は、西洋、中国、朝鮮などの太古史について綿密に考察した研究書であるが、その序文のなかで、

この二伝（『日本書紀』・『古事記』をさす。筆者註）を以て天賜の宝鏡トス。……（中略）……朝鮮史ヲ以テ之ガ註脚トシ、略々此我ガ思考を決了スルヲ得タリ。之ヲ志那史。西史ニ比較スルモ。敢エテ突衝スル所ヲ見ズ。(30)……

と述べて、『日本書紀』・『古事記』の二伝を天賜の宝鏡として日本史の太古史の原典として考えていた。ついで緒言では、「一、朝鮮檀君ハ我ガ素戔烏尊の裔タルコト昭々タレバ。我ガ太古史ノ表中ニ載ス。(31)」と素戔嗚尊の後裔が檀君であるとして表中に記載している。そして

……素戔嗚尊ハ。天神に罰セラレテ。後万国ヲ経歴シ。出雲風土記云神須佐乃烏命天壁立廻坐之云云北海ヨリ南海朝鮮ニ出ツ。備後風土記蘇氏将来ノ故事ニ由テ云フ此間大雨ニシテ尊ノ辛苦限ナシ。紀一書云素戔烏尊云云風雨雖甚不得留休而辛苦降矣案ニ女媧共工ノ大洪水ニ適合ス素戔嗚尊子アリ。伊太祈ト称ス。伊太祈ヲ朝鮮ニ王タラシメ。遂ニ朝鮮ヨリ出雲国ニ至ル。……（中略）(32)。

『日本書紀』の一書の記述を取り上げて素戔嗚尊が天神に罰せられて朝鮮に出たが、大雨で辛苦を重ねたが、その子の伊太祈《イタキ》を、朝鮮の王にして出雲国に帰ったという見解を示している。また

素戔嗚尊子アリ。五十猛《イタケシ》ト云フ。一名大屋彦一名韓国曾保利一名伊太祈曽韓史檀君ト称スル是ナリ檀君は数世ニ亘リテ姓氏トナレリ」(33)。

と述べて五十猛と伊太祈は同一であると解釈し、それを檀君であると考えていた。さらに朝鮮檀君については、特別に項目を設けて、これまで紹介してきた諸学者の考察よりも綿密な検討を加えている。(34) その考察の対象として用いて

いる資料は、官撰史書の『東国史略』及び『東国通鑑』の二書のみであるので、朝鮮国の諸学者の見解は全く取り上げていない。『東国史略』については、箐川柳希齢編註と出典を明記して、その檀君記述の内容を紹介し、その後に著者の見解を表明している(35)。また『日本書記』及びそれまで檀君について考察した文献も参考にしていた。その書籍は、『閑田耕筆』伴蒿蹊著ならびに『日本春秋』僧顕著の二書であった(36)。『東国史略』については檀君に関する記述をそのまま紹介している。

○朝鮮檀君

東国史略。箐川柳希齢編註 檀君姓桓氏。名王険。東方初無君長。有神人桓因之子桓雄。率二徒三千一降二于太伯山一。在平安道寧邊府。今妙香山 神檀樹下。謂二之神市在世理一。化二生子一。号曰二檀君一唐戊辰。帝堯二十五歳 即位始称二檀君一。移二都白獄一。在文化県 ○娶二非西岬河伯之女一。生レ子曰二扶婁一。○定己夏禹元年 禹南巡狩会二諸侯于塗山一。遣二扶婁一。朝焉。○築二塹城壇于海島中一。以祭レ天。又命二三子一築レ城。今倶在江華府 ○薨二葬于松壌一。在江華県 後嗣避二箕子来封一。移二都於蔵東京一。在文化県 伝世一千五百年。

落合直澄は、桓因の桓は神を意味し、桓因は神伊弉諾のことで、桓雄は神須佐乃雄のことである。出雲風土記には神須佐乃烏命、備後風土記には速須佐能雄命とある。市佐は須佐である。檀君は太祈である。君は支の仮字である。それは昆支を渾君と書くことから当然のことである。太祈は五十猛の一名であると考えていた(37)。

按ニ姓桓ハ神ナリ。桓因ハ神伊弉諾ナリ。桓雄ハ神須佐乃雄ナリ。出雲風土記。神‐須‐佐‐乃‐烏命。備後風土記。速‐須‐佐‐能‐雄ノ命トアリ。市佐ハ。須佐ナリ。檀君ハ。太祈ナリ。君ハ支ノ仮字ナリ昆支を渾君ト書ケルニテ知ルベシ 太祈《タキ》ハ五十猛《イタケシ》ノ一名ナリ 降檀樹下ハ檀ノ字義ニテ附会セシノミ韓史此例甚多シ桓因桓雄檀君ノ如キハ皆彼国ノ仮字ナリ小野妹子ヲ志那ニテ因高と書ケルト同状ナリ

そして『東国通鑑』『東国史略』の檀君の記述についてはそれぞれ誤謬があると指摘している。『東国通鑑』では、檀君の寿の一千四十八年というのは、唐堯二十五年戊辰から商武帝三十九年乙未までの暦年を指しているが、中国史

では、唐堯戊辰から商武帝までの暦年は九百九十八年であって、誤謬がある。『東国史略』に、檀君から始まって滅亡に至るまでを一千五百年としている記述を根拠にしたのであるが、『東国史略』に、夏禹元年に扶婁が塗山に会したとあるのは、少昊金天氏元年の誤りであると指摘する。(38)

（二）　儒学者のばあい

①　林信勝（一五八三～一六五七）号　羅山、道春

李元植は「林羅山は、信使の客館、賓館と呼ぶのを「蕃館」と呼んでいる。またかれは「朝鮮信使来貢の記」を著している(39)」などの点をあげて、林羅山が「蕃館」あるいは「来貢」という用語を用いて朝鮮を蔑視していると述べている。「朝鮮信使来貢の記」の末尾に

朝鮮は古より我が西蕃たり、今其の来るに及んで厚く之を恵む、是亦遠人を柔んじ諸侯を懐くるの意乎(40)

林羅山にそうした歴史認識を抱かせた根本的な認識はつぎの見解からであると考える。

我が朝は神国也、神道は王道也、一たび仏法興行自り後、王道神道都えて擺却し去る(41)

……我が朝の神国已に仏国と為る、吁　神　神なら不るに似たる乎、……(42)

とあるように、林羅山は日本の国を「神国」であるという認識を持っていた。したがって古代の朝鮮との関係については『日本書紀』及び『古事記』などの記述通りに「朝貢関係」という理解をしていたと思われる。それは次の傍線の引用文にもみられる。

王仁は百済国の人なり、吾が応神の暦にその国貢し来る、初め仲哀皇帝の八年神託あり、皇后新羅の国を征せよと、帝疑いて発せず、九年春二月帝俄にとて崩ず、是において皇后神功帝の神の言を用いずして殂落するを懼れ、

冬十月海に浮かび新羅に到る、新羅王我が旌旗器杖の壮麗なるを見て曰く、伝え聞く、東海に神国あり、名づけて日本という、此れ是れその神兵か、敵すべからず、乃ち素服面縛、頸に繫ぐるに組を以てし、自ら図籍を持し、海堧に来たりて曰く、願わくば毎歳金銀縑帛八十船を貢せん、敢えて此の国を屠らざればなり、此の時高麗百済二国の主新羅我に降ると聞き、密かに軍勢を謀うて、その克たざるを知りて、又自ら急に馳せ疑を納れて曰く、今従り以て往く永く西藩と称し、朝貢を絶たず、茲れ自り三韓皆我に貢す、東漢の献帝五年に当たるなり、十月日はあらざる官之を失せり、持統文武已後、その貢漸く衰うと云う、……(43)

とあり、その後に、王仁について「王仁は毛詩をもって教授し、帝（仁徳天皇）の師となる……(44)」と述べて、王仁が天皇に毛詩を教授して貢献しているにもかかわらず、「百済国から貢し来る」という「貢」の用語を用いて百済は日本の朝貢国であるとする。その理由としているのは神功皇后が新羅を征伐したという説話によっていることがわかる。そして持統・文武天皇以後は朝貢してこなくなったといっているが、それについては人物の往来が途絶えたのか、物資の朝貢が衰退したのかについては定かではない。あるいは

観勒は推古十年十月、百済国貢し来る、学術有り、暦本及び天文、地理方術の書を献ず、曇徴は高麗の人十八年三月貢し来る、五経を善くす、又伎芸有りて碾磑（石臼）を造り、彩画に工なり、二人共に僧也、一に云く後朝廷其の才を以て勒徴二人に冠すと云う……(45)。

呉織は百済国の女工なり、応神の十四年貢し来る、……(46)。

と述べていて、百済、或いは高句麗からきた優れた学者、技術者であっても「貢し来る」と表現している。

林羅山にはもともと『日本書紀』にみえる日本の成立記述が念頭にあって、日本は「神国」であると信じ、それが絶対的なものと信じていたために古代朝鮮半島の諸国は伝統的に日本に朝貢してきたという意識をもって臨んでいた

ものと思われる。朝鮮通信使などとの朱子学の交流は別の次元のものであったことをうかがわせる。

② 林　恕（一六一八～一六八〇）号、春齋

林春齋の朝鮮半島にたいする歴史認識で、特徴的で且つまた後の学者に影響を与えたと思われるのは和刻版の『東国通鑑』が刊行されるさいに記述した序文にみえる。

是に於いて其の書を概見するときは則ち粗本朝の事を載すと雖も調庸貢献に至りては則ち悉く之を略す、蓋し其れ国の為めに之を諱む乎、是れも亦臣子の情咎むべからずか、両国の史に該通して眼を着て用捨せば則ち其の旨趣自ら知るか。(47)

とあり、朝鮮国側が日本にたいしてはたすべき調庸貢献について『東国通鑑』では悉く省略されているとし、自分の国のために避けているのであればこれも臣子の情を以て咎めるべきではないのだろうかと述べている点である。さらに両国の関係を臣子という用語を用いて考えていた。そして両国の歴史に精通して容赦すればその意味を自ずと知るようになるのではないかと朝鮮国は日本に対して朝貢すべき関係にあると考えていたことがわかる。また

謹ンデ検ルトキハ二国史ヲ一　則チ神功皇后征伐ヨリ以来《コノカタ》三韓悉ク服二従テ於　本朝ニ一来貢無シレ闕ル「……(48)。

とも述べて、神功皇后の三韓征伐以来、三韓は日本の朝貢国であると言っている。

③ 山鹿素行（一六二二～一六八五）

山鹿素行の朝鮮国史認識については、すでに前田勉の論考(49)があり、『中朝事実』について考察した筆者の結果とも一致する点があるので、まず前田論文の見解を紹介する。

それによれば、「幕府は長崎・対馬・薩摩・松前の四つの口をもち、中国とは正式な外交関係をもたず、商人同士の貿易を許可したのにたいして、朝鮮との間には善隣友好の対等な「通信国」としての外交関係を取り結んだ。この現実の中国・朝鮮との関係と比べるとき、『中朝事実』の中国・朝鮮との間には、大きなズレがあることを指摘できる。……（中略）これに対して、朝鮮半島の国々には、明らかに朝貢関係があった、と素行は言う。「或いは疑ふ、高麗・百濟・新羅の来朝するも、亦好を修し隣を善くするにあらずやと。愚謂へらく、新羅の王子来朝し、任那来貢すること、既に崇神・垂仁帝の朝に在り。その後、住吉大神。高麗、百済、新羅、任那等を誉田天皇に賜ふ。……」[50]。また「神功皇后の三韓征伐」神話の記述から、中国とは「文明」を共通項とする対等な「隣好」関係であるのにたいして、朝鮮との間では「武徳」による朝貢関係、上下関係が想定されているのである。ことに朝鮮については、幕府の対等な外交政策とは明らかにズレがある。この点、現実の対等な外交政策と当時の人々の意識との間のズレの一つの表れであるといえよう。」と民間における朝鮮にたいする意識に古代からの朝鮮を朝貢という上下関係があったことを指摘する。それ以外に筆者と同様の見解を抱かせた記述を紹介（傍線部分）すれば、

誉田天皇の十五年秋八月壬戌朔丁卯。百済王阿直岐をして良馬二匹を貢せ即む。即ち軽坂上の厩に養ふ。因りて阿直岐を以て掌飼せしむ。故に其養馬の処を号して厩坂と曰ふ也。阿直岐も亦能く経典を読む。即ち太子菟道稚郎子の師とす。是に於いて天皇阿直岐に問ふて曰く、如し汝に勝るの博士亦有り耶。対へて曰く、王仁と云ふ者有り。是れ秀也。時に上毛野君耐荒田別巫別を百済に遣はし、仍て王仁を徴すべき也。其阿直岐は阿直岐史の始祖也。十六年春二月、王仁来る。則ち太子菟道稚郎子之を師とす。諸の典籍を王仁に習ふ。通達せざる莫し。故に所謂王仁は是れ書首等の始祖也[51]。

と、阿直岐や王仁などが経書を能く読むところから太子菟道稚郎子の師となっていたと記述しつつも、

神功帝親ら三韓を征し、三韓面縛して服従し、武徳を外国に耀かす。是れより三韓毎年朝聘し、献貢船楫を乾さず。故に外国の諸器及び経典具はらざる無し。百済王は懇疑の余り、博士女工等を貢す。此に於いて中州始めて漢字を知る。応神聖武帝にして而かも聡達、博く外国の事に通せんと欲し玉ふ。王仁を徴し、典籍を読む太子之を師とす。以て能く漢籍に通達せるなり。(52)

とあるように、神功皇后が三韓を征して、三韓が服従するようになり、武徳を外国に輝かせた。このとき以来三韓は毎年朝貢をするようになったとし、百済は博士や女工などを貢ぐようになったことや漢字が伝来したり、典籍をよく読む王仁が太子の師となるほど尊敬しつつも百済とは朝貢関係にあったことを強調する。そして神功皇后いらい、新羅、百済、高句麗を制圧し、朝貢関係を成立させたときの状況については詳細に長文の記述をしていて、日本の優位性を誇示しているかの印象を受ける。その一部を紹介すれば、

冬十月己亥朔辛丑の日。呼気ノ角より発ち玉ふ。時に飛靡風を起し、陽侯限を挙ぐ。海の中の大魚悉く船を挾む。則ち大風順吹にして帆船波の随に。艫楫を勢はず、便ち新羅に到る。時に随船潮浪遠く国の中に逮ぶ。即ち知る天神地祇悉く助け玉ひしか。新羅王是に於いて戦戦栗栗として厝身無所則ち諸人を集へて曰く。新羅の国を建ててより以来。未だ嘗て海水の国に淩ることを聞かず。若し天運尽きて国海とならんか。是の言未だ訖らざるの間に、船師海に満ち、旌旗日に輝く、鼓吹声を起して山川悉く振ふ。新羅王遥に望みて以為らく、非常の兵将に己が国を滅ぼさんと。聾て志を失ふ。乃今醒めて曰く。吾聞く。東に神国有り。日本と謂ふ。亦聖王有り、天皇と謂ふ。必ず其国の神兵ならん。豈兵を挙げて以て距ぐべけんや。即ち素旆を挙げて自服す。素組して面縛す。図籍を封じて王船の前に降る。因て叩頭して曰く。今より以後長く乾坤と伏して飼却と為り、其船の旌を乾かさずして春私馬の梳及び馬鞭を献らん。復海遠に煩はさず。以て年毎に男女の調を貢ぜん則ち重ねて誓ひて曰く。……

（中略）。又三軍に令して曰く。自服する者を殺す勿れ。今既に財の国を撃つ。亦人自ら降り服せり。人を殺すは不詳と。乃ち其縛を解きて飼却と為し、遂に其国の中に入りまして、重宝府庫を封め、図籍文書を収む。即ち皇后の所杖矛を以て新羅王の王門を樹て。後の葉の印と為す。故に其矛今猶ほ新羅王の門に樹てり。故に新羅王波沙寐錦、即ち微叱己知波珍干岐を以て質と為し、仍りて金銀彩色及び綾羅縑絹を授け。八十艘の船に載せて官軍に従はしむ。是を以て新羅王常に八十艘の謂を以て日本国に貢ぐ。そは是の縁也。是に於いて高麗百済の国王。新羅の図籍を収めて日本国に降ると聞き、密かに其軍勢を伺はしむるに、則ち勝べからざるを知り、自ら栄外に来る。叩頭して嘆いて曰く。今より以後永く西の蕃となりて朝貢を絶たず。故に因って内官家を定む。皇后新羅より還り玉ふ。……（中略）……噫霊徳盛なる哉。是れより三韓毎年来朝して貢を奉り、正暦を朝廷に受け、政治を我国に問ふ。（中略）……間不逞の罪有れば将帥を発して之を討す。百済王を殺し以て其無礼を謝し、酒君を鉄鎖して以て其虜を献ず。応神天皇四年百済の辰斯王無礼国中を殺して謝す。酒君が事は仁徳の四十一年に在り。挟手彦高麗を討ちて王宮に入る。珍宝を獲て以て其捷を奏す。欽明二十一年に在り或は高麗鉄の盾及的を献じ。（中略）……高麗の表無礼なること応神二十八年に在り。鳥羽の表の挙ること敏達元年に在り故に西戎其武徳を懼れ、其雄戈に服す。悉く我が属国となる。……（以下略）(53)

と記述している。それいがいにも歴代の天皇の代に、高句麗、百済、新羅の諸国から来服してきたことを詳細に記述している部分がある。また渤海についても

渤海は本と粟末靺鞨の高麗に附する者。姓は大氏。高麗滅び、衆を率いて杷屢の東牟山を保ち、城を築き以て居る、高麗の逋参残稍々之に歸す。地方五千里戸十万戸。唐睿宗先天中使を遣はして渤海郡の王と為す。是より始めて靺鞨の号を去る。武芸は祚栄の子武王と称す。武芸立て朝貢す。武芸死して、子欽茂立つ、文王と称す。

又上表朝貢す[54]。

渤海の武王も日本に朝貢し、その子の欽茂も文王と称したが、やはり日本に朝貢したと述べている。このように日本の武力制圧や神功皇后の三韓征伐の神話によって、三韓が毎年朝貢してきていたことを事実とみて、或いは「和仁を徴した」という強い表現を用いて日本が優位に立つ歴史があったと山鹿素行は認識していた。つまり朝鮮半島の古代の国々は日本の朝貢国であり、日本の属国であるという認識を抱いていた。

④　新井白石（一六五七～一七二五）

新井白石は朝鮮通信使との関係が深く、白石がどのような朝鮮観を持っていたかについてはすでに研究が進められているが[55]、本稿の視点とは異なる点があるので、敢えて新井白石について取り上げてみることにした。白石は、素戔嗚尊が新羅の国に降ったという説については他の学者とは異なる理解をしていたようで、

素盞烏神新羅ノ国に降給ひしとみへしは前にもいひし事のごとく、天神の代にありて高天原と葦原中国とは陸路いまだ開けず、ゆきかふ事はただ海路にのみぞよりける、凡海を過るには風のために放れ、浪のために漂ひて、はからざる地に至る事いずれの代にかなからざらむ、其妣ノ国に就き給はむとて新羅国に至り給はむ怪しむべき事にもあらず、妣国は今の出雲国なり其北は僅に海を隔て則朝鮮の地なり、或は衆神のために逐れて其冠をかしこに避られけむもまた知るべからず[56]、

と述べるように、素戔嗚尊が新羅の国に渡ったことについては、海路による場合には、風や波浪のために漂流して予期しない地に到着することはいつの時代にもありうることであるから、「其の妣ノ国」に赴こうとして、また衆神の妨害を避けようとして新羅国に到着することもあったと考えられるから、怪しむことではないと述べている。また

朝鮮のごときも即これ古の韓地素戔嗚神降迹のある所にて後に三韓の服属しまいらせし時に勅して我国の神を祭らしめられし事も見へたれば欽明天皇紀に、なほ今も其流風のあらむ怪しむべきにもあらず、それより馬韓の時神を祭るに鈴鼓を用ひしといふ事のみへしがごときは其俗の由来《ヨリキタ》れることよりかしこにや伝りたりけむ、かしこよりここにや傅りたりけん、股東方之俗期せすしておのづから相合ふ事もやあるらん、神を祭るに此物を用ゆる義の如きもまたいまだ詳ならず(57)。

と述べているように、「朝鮮は古の韓の地で、素戔嗚神が降った迹のある所であり、後に三韓が服属してきたときに、欽明天皇が勅して我が国の神を祭らしめられた事もあるので、なお今もその風俗があるのは怪しむべきことではない。馬韓の時代に神を祭るさい、鈴鼓を用いたということがあったのはその習俗がこちらからあちらに伝わったように思われる。また東方の習俗が一致することもあるかもしれない」と　新羅・高句麗・百済の三韓が日本に服属して朝貢関係にあったことは認めている。しかしいっぽうで

新羅の我に服せし事のごときはたゞ我兵威に畏れて其心の誠に服せしにもあらず(58)。

とあるように、新羅が日本に服していたのは、ただ日本の軍事力に恐れをなしていただけで心服していたわけでないと考えていた。白石は新羅との関係に対しては懐疑心をもっていたことが判明する。また『古史通』においてつぎのように述べる。

素戔烏神五十猛命をひきいて新羅国に天降り此地に居らん事をねがひ給わず出雲国簸之川上鳥上峯に至りて高志の八岐大蛇を斬須我の地に宮居して国神の子櫛名田比売をむかへて妃とし八島士奴美神等を生み後に熊成峯に坐してつひに根の国に入給へり。〔これ旧事紀古事記等によりてしるす所なり〕

新羅国はいはゆる韓地、即ち今の朝鮮東南の地なり、素戔烏神天降りませしより神去りませしまでの事共旧事紀

> 古事記日本書紀等に見へし所その文特に長し、その大要をとりてここに注す、初め素戔烏神新羅曾尸茂梨之処に降り給へり、此地は我居らん事を願はず、偖埴土を以て船を作り乗りて東に渡りて出雲国簸の河上鳥上峯に至り給へり、曾尸茂梨は私記には詳ならぬ由みへたれども是は新羅の国人神を祭るを掌れる者をいふに似たり、埴土を以て船を作るとは其事を神にすべきためにいふなる所なるべし、出雲即今の出雲国の地簸河は古事記に肥川としるして大原の郡にあり、その水源は仁多の郡鳥上峯より出づと見へたり。(59)

と述べて、素戔嗚尊が新羅の曾尸茂梨の所に降ったが、そこに居たくないとして出雲の国に至ったという説を認めたうえで、曾尸茂梨の意味は新羅の国人が神を祭るのを掌る者、つまり祭主のことであるとしている。

⑤　雨森芳洲（一六六八～一七五五）

雨森芳洲には、「国史を考えるに」といってつぎのような考えを明らかにしているが、国史は何を基準にして理解しているかについては定かではないが、「一書に……」としているところからやはり出典は『日本書紀』ではないかと思われる。

> 国史をかんがふるに、天神《あめのかみ》、瑞穂国《みずほのくに》を瓊々杵尊《ににぎのみこと》にさづけ給ひしかど、そののちはるか年をへて、神武帝の御代にいたり、難波より東、はじめて職方に帰せしと見ゆ、二尊のうみ給ふ八しま、おほかたは今の西海道にて、韓にちかし。隠岐、佐渡、越のしま、いずれも韓にむかへる国なり。そのちかきあたりには、風に放されてきたる韓人、今も多し。一書《あるふみ》に、素戔嗚尊《すさのおのみこと》新羅の国に降りまして、とあり、また韓地《からくに》に殖へつくさず、とあるを見れば、尊その地を経略し、根の国と定め給ふにや。天よりして、出雲の国簸の川のほとりに降りましし、大己貴神《おほあなむちのかみ》をうみ給ひ、それより根の国にいでましぬと。出雲を韓にむかへる国なり。(60)

とあり、素戔嗚尊が新羅の国に降ったことなどから、尊はその地を経略したので、根の国と定めたのではないかと考えていた。それ以上深く探求しているようにはみえない。

⑥ 伊藤長胤（一六七〇～一七三六）

伊藤長胤は、宝永元（一七〇四）年に『三韓紀略』（四冊）を著した。この書は、「三韓」という書名を付してはいるが、古代の三韓だけを意味するのではなく、朝鮮半島全体を指す意味に用いられている。伊藤長胤は、『日本書紀』・『続日本紀』・『唐書』・『三国史記』・『東国通鑑』・『攷事撮要』・『経国大典』などの文献を用いて研究したようであるが、「文籍略」の項において、『大典続録』・『大典後録』・『三国遺事』・『帝王韻記』・『与地勝覧』・『東医宝鑑』をはじめ、約二百にのぼる文献を紹介している。

『三韓紀略』では朝鮮国の歴史と文化についてつぎのように分類して目次を立てている。

三韓記略　序

君長略

三国　渤海　高麗　朝鮮

紀号略　土地略　職品略　族望略　文籍略　方諺略

それ以外にも『武備志』および「朝鮮国八道全図」を図示しているが、この目次からもわかるように、その記述内容は歴史だけにとどまらず、それまでの日本人の著述には見られない当時の朝鮮国の制度や社会文化についても言及しており、文化史概説書といえるものである。したがって日本を中心に考える視野に立って朝鮮半島の歴史をみるのではなく、客観的に叙述している。叙述年代も古代から朝鮮王朝の宣祖代までが記述されていて、それまで本国の朝鮮国の史書にもあまり記述されなかった朝鮮王朝時代の中期までを取り扱っており、さらに末尾に「方諺略」を設けて訓民正音について解説し、語学入門書ともいえる記述内容になっているのが特徴といえる。ところで伊藤長胤は、『三韓記略』の序文に、

新羅・百濟・高句麗の三国時代においては日本との交聘が夥しく行われたこと、しかし宮廷が我が国を討とうとしたりしたこともあって、我国に王子を侍らすことが新羅には二回、百済には四回あった。百済国は常に日本の卵育の恩を受けて経典を貢ぎ、伎芸を献じたので、我が国と最も親しい関係にあった。したがって、日本は冠階を授け、援兵をさしむけたりして、待つに属国の礼を以て待遇した。(61)

といっており、百済は日本の属国であったとする山鹿素行や松下見林と同様に、三韓は朝貢国であったという認識を披歴している。その後

新羅が統一した後は、高麗、朝鮮と国を継ぎ、勢力が強大になって、中国の礼楽や文字に通じて尊大となり、日本を辺鄙で文化の遅れた国とみなすようになった。(62)

とも述べている。ここで用いられている「尊大となった」という用語を用いているところからしても朝鮮を一段下位にみているように思える。また

権近や申叔舟などのその国の学士の傑出した者のその文言をみるに、日本を諸夏（未開）の外国であるかのように述べていて、日本の存在を低く見るようになっていることを指摘している。いっぽうで金・元代より明の嘉隆年代に、我が国は乱れて三綱が守られず、民が生活できない状況のなかで、偏旁の不逞者などが朝鮮半島の沿海の郡県を荒らしまわり、府尹・牧使などが敢えて抵抗できない状況が三百余年も続いたとして、日本のいわゆる「倭寇」が朝鮮半島の人々を苦しめたことなどについて率直に語っており、高麗・朝鮮の人々に多大な苦しみを

与えたことも記述している。しかし豊臣秀吉の侵攻については何も触れておらず、戦後は通信使を介して様々な交流が行われるようになっている。(63)

と述べるにとどまっている。

⑦ 林 子平（一七三八～一七九三）

林子平は一七八五（天明五）年に『三国通覧図説』(64)を著わして

都て上檀君より下今世に至る迄の事及び神功皇后征伐以来、其の国代々本朝に調庸貢献したるありさま、又は太閤征伐の事など悉く記すべきなれども文長ければこれを略す、且つ其の治乱興廃の詳なることは東国通鑑あり、これに由て知るべし。(65)

と述べて、檀君に対しては始祖としての考察を行うことなく、檀君の時代から今に至るまでのこと及び神功皇后の征伐以来、その国は代々日本に調庸し貢献してきたと認識していた。

⑧ 伴蒿蹊（一七三三～一八〇六）

伴蒿蹊についてはすでに今西龍が論文『檀君考』に引用して指摘したように、伴蒿蹊の随筆集である『閑田耕筆』(66)に、

○朝鮮国初の主を檀君といふ、これ素戔嗚尊にておはしますと対馬にての話しとなん、其素尊の朝鮮へ渡り給ひしといへる所、対馬乃西北にて飛前《トビサキ》と名号《ナヅク》、又神功皇后朝鮮を帰化せしめて対馬より九州へ帰船ましませる所も飛前といふ、これは国の南なりとぞ。私按素尊一旦新羅へ渡たまひといふことは神代紀中一書の説にみへたり(67)

と述べている。このように十八世紀頃の日本にあってはすでに素戔嗚尊、或いは五十猛神の二人を朝鮮の開国伝説に

登場する檀君であるとする説が九州地方や京都などにかけて、広範囲な地域で流布していたのではないかと推測される。

また『日本書紀』の趣意をたいして素戔嗚尊は五十猛神を率いて新羅国に降到したが、ここに居ることを欲さずとして、東に向かい日本に帰って出雲に到達した説をとり、その時五十猛神を新羅においてきたので、五十猛神が新羅の主となったとしている(68)。これは素戔嗚尊が新羅の主となったという説、また素戔嗚尊が檀君であるという説とは異なる展開になっている。

そして神功皇后が三韓征伐をした後、新羅国王は陣前に降って毎年御貢を絶やさないと朝貢を誓ったとある。そのとき高句麗・百済も来て共に拝伏したと記述している。

さらに「国祖として奉るべき五十猛神の祠もどこかにゆき、聞伝すべき神の道も忘却し、明国の臣下となってしまっている。それに我が国も数百年の間乱世となり国内の士民も王化に従わない状況になってしまったので、いつの間にか朝鮮国からの貢も途絶えてしまった」と述べているところをみると、新羅、高句麗、百済時代以後、高麗、朝鮮王朝になっても常に貢を奉るべき国と考えている(69)。また

然ルヲ太閤鄙賤ノ家ニ生マレ給フト云フトモ武徳ヲ以テ治メ難キ日本国中ノ兵革ヲ打静メ、剰《アマツサ》ヘ今度朝鮮ヲ征伐シテ再ビ神代ノ威風ヲ起シ、神功皇后ノ叡慮ヲ継デ永ク神国ノ武光ヲ後世ニ輝カシ給フハ、啻《タダ》ニ太閤一生ノ武功ノミニアラズ、万世ノ亀鑑ナルヘシ、尽来際幾度ニテモ朝鮮国ノ有ン限ハ、相背ニ於テハ日本武将之ヲ征伐シ給ハズンハ有ルヘカラズト世ニ称ス、

というように、豊臣秀吉が、神代の威風を再現して神功皇后の叡慮をついで永く神の国の武光を後世に輝かしたことは、万世の亀鑑となるものであり、朝鮮国の存在する限り幾度でも日本の武将はこれを征伐すべきであると一般の人々

は称しているとして、当時の日本人の一般的な朝鮮国に対する気持ちを紹介している。本居宣長と同様の考えを抱いていた人物が九州にも存在していた(70)。これは黒木貞永と同じ主張である。

(三) その他の歴史家・思想家など

① 松下見林(一六三七〜一七〇四)

松下見林は、『異称日本伝』(71)を記述するにあたって諸国の文献資料を読み、その内容に「今按ずるに……」という形式で、自分の見解を披歴して日本史を構築していったようにみえる。そのさい韓・朝鮮に関する資料として『東国通鑑』・『三国史記』・『三韓詩亀鑑』・『慕斉集』・『東文選』・『晋山世稿』・『東人詩話』・『三綱行実図』・『続三綱行実図』・『太平通載』・『経国大典』・『大典続録』・『海東諸国記』・『懲瑟録』などの文献を使用している。史的認識に関しては、『東国通鑑』(72)に

新羅の始祖八年漢の甘露四年倭辺に来り寇す。王神徳有りと聞きて乃ち還る。(73)

とある記事を引用し、ついで

今按ずるに、甘露四年は我が崇神天皇四十八年に当たる、崇神天皇新羅を征する事無し、然りと雖も日本書紀に、崇神天皇六十五年秋七月、任那の国蘇那曷叱知を遣わして朝貢せしむ、任那は筑紫の国を去ること二千余里、北の方海を阻みて以て鶏林の西南に在り、垂仁天皇二年、任那の人蘇那曷叱知請いて国にまかりかえなむと欲す、蓋し先のみかどの崇神天皇を指す世に朝に来て未だ還らずか、故に蘇那曷叱知に敦く賞す、仍て赤絹一百匹を賚て任那の王に賜う、然るに新羅の人之を道に遮って奪う、其の二国の怨み、始めて是の時に起こる、此れを観れば崇神天皇新羅を征せずと雖も新羅我が朝に罪を得ること此の際に起こる、終に神功皇后に至りて之を征するこ

とを得、蓋し任那の為に之を征するなり、(74)

と述べて任那の国王が蘇那曷叱知を遣わして朝貢してきたことに対し、赤絹百匹を与えて帰したところ、新羅がそれを遮って奪ったので、その時から両国の怨みが始まったとし、崇神天皇が新羅を征せずとも新羅が日本の朝廷に罪を作ったとする。それで神功皇后が新羅を征服したのであるという理由をあげて、すべて任那の為にとった行為であるとする。これをみれば日本に朝貢する国を重くみてそれに反対する国は敵対するとする日本中心の歴史観が形成されていたことがわかる。檀君の存在については、

三韓の沿革、昔上世に我が素戔嗚尊其の子五十猛神と斯羅の国に入り之に居まく欲せず、堯の時檀君、周の武王の時箕子之に主たり、国を朝鮮と号す、久しくして大いに乱る、分崩して七十八に至る、所謂三韓とは其の強なる者なり。並列して彊界を弱吐き強呑みて戦争して息わず、斯の時に当て任那来り貢す、我厚く賜いて之を還す、新羅道を遮り之を奪う、自ら餉に仇するの禍を招く、我が数代の先王之を征せず、神功皇后礼聖聡明にして、天下を周行し、羣庶を劬労し、万民を愛育す、天神地祇の命を奉り、一たび戎衣して、新羅の罪を問いて、亦新羅の窮する所を哀れみて、将にこの首を戮んとし、要害の地を授けり、高麗百済観感叩頭し、永く西の藩となりと称し、朝貢を絶やさず、諸韓後のことを恐れて臣服せざる無しと云う、是に於いて韓地に日本府を置く、宰を任せて以て之を治めしむ、新羅まさに我を親戴し、天地と変ぜざる時に、天に逆らひ盟に背き、我が恩義に違い、数々任那を侵す、欽明天皇二十三年に至りて、新羅遂に任那を滅ぼす、神功皇后より以来五百九十三年、任那の存する此れの如く永久也、此れ神功皇后の大神余烈に非ざる乎、其の後新羅百済を滅ぼし、新羅亦高麗に降りぬ、三韓鼎峙の勢いを失す、高麗、宋に至りて故旧を忘れず、朝聘絶えること無し……(75)

とあるように、昔、上世に素戔嗚尊と五十猛神が斯羅の国に入ったが、居ることを望まなかったところから、堯の時

代には檀君が、周の武王の時には箕子が王となり、朝鮮と国号を定めたとして、檀君の存在を否定していないが、それよりも先に素戔嗚尊とその子の五十猛神が斯羅の国にはいったとし、しかしそこに留まることを欲しなかったので堯の時代に檀君が、それを継いで周の武王の時に箕子が主となったと記述している。また素戔嗚尊及び五十猛神についても全く論じていない。この一文は、後に『海東繹史』(76)にそのまま引用されるが、『海東繹史』では神功皇后が新羅を攻略したことについては無視してまったく言及していない。

松下見林は辛丑年条にも『古事記』中巻（四十八丁）にみえる「神功皇后が新羅に赴いたので、新羅王が畏れて朝貢を行うようになった」と記述している。そのいっぽうで、

今按ずるに、……右東国通鑑五十六巻、三韓の始終を記す、其の間往々にして日本の事有り、表章すること上の文の如し、惟恨むらくは近代の小事を志すこと煩雑、上世の大事に於いて多く欠如す、昔我が素戔嗚尊其の子五十猛神を帥いて新羅の国に降り到り、曾尸茂梨の処に居ましく乃ち興言して曰く、此の地には吾居らむことを欲せず、高麗の曲に蘇志磨利あり曾尸茂梨と訓近し、或いは曰く、廻庭楽と。蓋し素戔嗚尊の作り玉う所の楽なり、遺音仁智要録に在り、三韓の人之を知らず、(77)

とあるように、松下見林は「『東国通鑑』の記述内容は、上世の大事を記述せず欠如しているものが多い、昔素戔嗚尊が五十猛神を帥いて新羅の國の處に居られたが、この地には居たくないといわれた。高麗の曲に蘇志磨利という曲がある。それは素戔嗚尊の作ったものであるのに『東国通鑑』の内容はそれを記述していないので、三韓の人はこのことを知らないでいる」と『旧事本紀』の記述を引用して不満を呈している。檀君の存在については特に論究していない。

② 寺島良安（生没年未詳）

寺島良安は、一七一二年に刊行したその著『和漢三才図会』に設けた「朝鮮国」条の冒頭に於いて『東国通鑑』の記事を引用し、「檀君」について紹介する。

○東国通鑑に云う。当初君長無く。神人有り。檀の木の下に降り。国人立てて君と為す。是を檀君と為す。国を朝鮮と号す。唐の堯の時なり。初め平壌に都し、後都を白岳に徙す。商の武帝八年に至りて。阿斯達山に入り。神と為る。周の武王箕子を朝鮮に封じて平壌に都し。其の民を教えるに。礼義田蠶織作を以てす。本馬韓辰韓卞韓名づけ。之を三韓と謂う。是れ即ち百済高句麗新羅なり。既にして高麗の王建三韓統一を為して。後李成桂に至りて。復改めて朝鮮国と名づく。(78)

とあり、「『東国通鑑』に云う」として、朝鮮国の起源を檀君とし、檀君が国号を朝鮮と定めたと記述する。『東国通鑑』では檀君を始祖として記述しつつも、「外紀」として扱い、その存在に疑問を呈しているにも関わらず、寺島良安は、伊藤仁斎と同様に、その「外紀」について論究せず、檀君記述をそのまま掲載している。そのあと周の武王が箕子を朝鮮に封じて教化を進めたこと、また馬韓・辰韓・卞韓の三韓の後に百済・高句麗・新羅の三国になり、その後高麗の王建が三韓を統一したが、後になって、李成桂が再び改めて朝鮮国としたと述べて、朝鮮国の成立までの歴史を簡潔に記述している。新羅・高句麗・百済の建国については、『東国史略』および『東国通鑑』にかなり詳細に記述されているが、分量が多くなり、また温祚の父に当たる朱蒙が太陽の精霊によって孕んだ母が卵を生んだところから始まるという卵生神話を信じなかったから省略したものと思われる。(79)そして十済が馬韓を改めて成立した後に百済と改めたとし、また高句麗が卒本扶余に都をおき、辰韓を改めて高句麗と号するようになったとしている。さらに馬韓が百済になり、辰韓が高句麗になったという説は、他の史書ではあまり強調されていないが、それについては、

『東国通鑑』の三韓条に付された権近の付記を採用したようにみえる。それを示せばつぎのようである。

権近曰ク、……（中略）。馬韓ノ之為《タルコト》二百済一無レ疑ヒ矣。……（中略）。卞韓ノ之為ル二高句麗無レシ可レキ疑フ（以下略）(80)

このように、寺島良安は、朝鮮半島の歴史については、朝鮮国の史書を考察し、私観をいれずにそれらの記述内容にもとづいて記述しているが、いっぽうで、両国の関係を「朝貢」関係にあったとする記事を随所に掲載している。

そのうち若干の例をあげれば、

①垂仁天皇三年新羅の王子天の日槍始めて来朝して羽太玉足高玉鵜鹿玉鹿の赤石各一個（中略）を貢ぐ、……(81)。

②……新羅王神威を恐怖し、自ら皇船の前に降り、曰く、今従り以後長飼部《ヒメタルニムカヒ》と為る、毎年宝調を貢《タテマツラント》天に向かい之を誓う、皇后の所杖《ミツエ》の矛を以て新羅王の門に樹て後の葉の印と為す、今猶爰に有り、新羅王波沙寝錦《ハサムキン》即叱徴己知波珍干岐《チシコチハトリカンキ》を以て質と為し、金銀彩色及綾羅縑絹を齎《もたら》し、八十艘の船に載せて王船に従わしむ、是に常に八十艘を以て諸珍を積みて是に調貢す、高麗及び百済の王、新羅日本国に降るを聞き、自ら来服し三韓共に伏巳して還幸す(82)

③神功皇后の征伐してより以来、毎年の朝貢、三韓の中百済甚だ勉たり、高麗或いは怠る有り、新羅は動すれば則ち叛く、……（以下略）(83)

④按ずるに社頭拝殿の両傍に犬の牝牡蹲踞の形を作りて之を置き、呼んで高麗犬と曰う、蓋し高麗は朝鮮三韓内の名なり。未だ何時より肇るかを知らざるなり。当初神功皇后三韓を伐ちし時、皆降伏して盟いて云う、子々孫々奴《ヤッコ》の如く犬の如く永く戎守《トマオサ》の臣となるなり(84)。

寺島良安は『東国通鑑』の記述を参考にして檀君の存在を認めつつも、日本における歴史書を参考にして記述したように思われるので、当時の朝鮮国にたいする歴史認識は、その影響を受けている。たとえば②の文は、上述した山鹿素行の『中朝事実』の記述を参考にしたように思われる。また百済、高句麗、新羅の順にこれら三国の成立の由来についても簡潔に記述しているが、それを紹介すれば、

百済《ひゃくさい》《クダラ》　始祖温祚王漢成帝鴻嘉三年垂仁天皇十三年都㆓慰礼城㆒改メ㆓馬韓ヲ㆒号ス㆓十済ト㆒後又改ム㆓百済ト㆒至テ㆓三十世義慈王㆒ニ唐高宗顕慶五年日本齋明帝六年亡ブ共ニ六百七十八年

高句麗《こうらい》《コクリ》　始祖東明王漢元帝建昭元年崇神天皇六十年都ス㆓卒本扶余㆒ニ改メ㆓辰韓ヲ㆒号ス㆓高句麗ト㆒至テ㆓二十八世宝蔵王㆒ニ唐高宗捴元年日本天智天皇七年亡ブ共に七百五年[85]

と記述している。

③　木村理右衛門（生没年不詳）

『朝鮮物語』[86]においては、日本との関係についてはやはり朝貢関係にあったことを強調する。その一例を示せば

（1）神功皇后が『新撰姓氏録』にみえる和邇氏の大矢田宿禰を新羅征伐の後、新羅鎮守将軍としたこと。[87]（出典：『日本書紀』巻第九　仲哀天皇九年十月氣長足姫尊神功皇后条）

（2）神功摂政六二年に新羅が日本に背いたので、皇后は怒って襲津彦を派遣して、新羅を攻撃した。[88]（出典：『日本書紀』巻第九　仲哀天皇九年十月気長足姫尊神功皇后条）

（3）応神天皇代に百済王が朝貢せず。[89]（出典：『日本書記』巻第一〇天皇三年十一月条）

（4）応神天皇五三年に新羅が背いて朝貢しなかったこと。[90]

（5）神功皇后の征伐いらい、毎年朝貢した三韓のうち百済はよくつとめ、高句麗はおこたり新羅は背くとの記述。[91]

このように、主に『日本書紀』記載の記事を引用して、三韓時代に新羅、百済、高句麗が日本に属して朝貢してい

たことを述べている。

……この時にあたって高麗国の王建といふもの武威さかんにいきおひ三韓にふるひしかば新羅の王くだって王建三国を征ぜりこれより日本へ朝貢たへたり……。(92)

高麗時代の記述をみればその頃より、日本への朝貢が絶えたと記述する。

……永和三年（一三七七）朝せん国の使鄭夢周といふもの来朝をしたれどもたへて朝貢せざるにより京都へはいれられず九州の探題今川了俊にまみえて帰国す……。(93)

と述べて、高麗事大末期に鄭夢周が使節として日本にきたさいに、朝鮮国が朝貢をしないことを理由に日本は使節を京都に上京することを許さず、九州にとどめて今川了俊示に対応させたとしている。いっぽうで李成桂が大明に朝貢をたてまつり、年号、正朔を受けて明の属となって子孫相続くようになり、明に従うことになったということもはっきりと述べているので(94)、日本はこの時から朝鮮国を朝貢国と考えることができなくなったと木村理右衛門は認識したようである。

④ 藤原貞幹（一七三二～一七九七）

『衝口発』(95)と本居宣長の『鉗狂人』(96)にみえる反論

藤原貞幹が日本書以外に引用した書目は、『史記』・『前漢書』・『後漢書』・『魏志』・『晋書』・『隋書』・『三国史記』・『東国通鑑』・『事物紀原』・『三才図会』などであるが、

辰韓は秦の亡人にして。素戔嗚尊は辰韓の主なり。……（割注）按次次雄は即素戔雄也、古音相通ず、然ば則新羅の君長たること明白也。(97)

とし、また

素戔嗚を次次雄と読んでいる以外の言語の面でも本邦の言語は音訓ともに異邦より移りきたもので、「忍穂耳」は古本の日本紀の仮名で「オシホニ」と読み、新羅本史の「居西干」である。「瓊々杵」は「尼師今」で韓語である。(98)

とするのに対し、本居宣長は

此段皇国をもろこしの秦の代より後の事也とし。又何事も皆韓より起れりとする。論者の趣意の本也。然れ共須佐之男命を辰韓の主といふこと。さらに拠なし。因りて按ずるにこれは神代記に。此神新良の国に降り給へりしことあるをもて拠とするなるべし。そは新良即ち辰韓と心得ていふめれ共。これ大いに誤れること也。抑須佐之男命は天照大御神の御弟命にましませば。かのもろこしにては。周武王が箕子を朝鮮に封ぜし時などよりも。数百万歳以前の神にてましませば。…まづ新羅を辰韓と心得たること麁忽也。……(99)

と反論し、皇国を秦代より後に成立したとして、須佐之男命を辰韓の主であるとすることは全く根拠がないと否定している。そして新羅を辰韓であると見ていること自体がおろそかであると反論している。ついで『魏志』・『北史』・『南史』・『唐書』・『漢書』・『後漢書』・『晋書』・『宋書』・『魏書』・『史記』などにみえる朝鮮伝・新羅伝などの記述を検討して、藤原貞幹の史的理解が誤りであることを指摘する。そして

今此の論者の意は。須佐之男命を韓人也といふを根本として。万の事皆韓より起れりとするものの。……(100)

と述べて、あらゆる事象はすべて韓から生じたものであると主張する『衝口発』に強く反論する。さらに藤原貞幹が

神代紀ニ素戔雄尊ハ辰韓ヨリ渡リ玉フ、故ニ新羅ヲ父母ノ根ノ国トイフソレヲ素戔雄尊此国ノ御人ナルヲ此邦ヨリ逐ヤラヒテ新羅ノ蘇志摩利ノ地ニ在リトイヘリ然レハ三韓蕃賓日本之神胤ノコトモ此方ヨリ掩ヒカクスニ事ヲ

コタリタルナリ年代ヲモ立カヘ存スヘキヲモ削リ文字ヲ種々ニ書改メタルヲ直筆トハ云ヘカラズ……(101)

とする記述について、本居宣長は

「これは神代紀に。吾欲レ従《ハムト》二母ニ於根ノ国一ニ此神の給へる事也。根ノ国といふは夜見の国のことにて。伊邪那美命のまします故に。従レ母とのたまへり。古事記にも同じく姒国《ハハノクニ》とこそあれ。父母の国とのたまへる事は。何の書にも見えざるを。母ばかりの国といひては。人の信ずまじきを恐れて。私に父の字を加へてまぎらかせる巧みこそをこなれ。そのうへもし根の国といふが新羅にして。此神其国より渡り給へることを掩ひかくす物ならば。母の国とも記さるべきにあらず。況や父母の国とはいかでか記されむ。かやうの事共をよくも思ひはからずして。みだりにいへる故に。皆しひごとなることのあらはるるぞかし。(102)」

と述べて、母の国を新羅としたり、父母の国などとみだりに言っているのは皆無理に主張していることであると批判する。

⑤　黒木貞永（生没年不詳）

黒木貞永は、その著『清正勲績考』(103)においてつぎのように論理を展開し、朝鮮半島に成立した歴代の国家は日本の属国であると認識していた点では本居宣長と同様である。

朝鮮が長く日本に属してきた理由として、素戔嗚尊が所行無状であるところから諸々の神々に根の国に追いやられた。その時素戔嗚尊は五十猛の神を連れて新羅国に降り曽尸茂梨の処に行ったが、この国には居たくないとして出雲の国の簸ノ川に至ったとする。(104)

そしてそのさい、五十猛の神を新羅国に残して新羅国の主とし、韓国の島は金銀があるが、我が子の治める国に浮宝がないとよくないとして杉、樟を浮宝とし、五穀を植えることを教えたので、新羅国の人民は栄えた。それ以来、神孫が長く新羅国を治めて神武天皇以後までも従い奉ってきたとする(105)。

ついで周代にはいり、箕子朝鮮以後は秦代には遼東に属し、漢代には皆漢の郡県となって上古以来の日本との関係も失われた。神代いらい和訓では新羅と呼んできたものを辰韓といい、百済を馬韓と改め、高麗といったのを弁韓と号するようになった。こうして別の国のようになったので、仲哀天皇に朝鮮半島を征伐せよとの神託があったが、崩御されたので、神功皇后が三韓を征伐したために、新羅は貢物を欠かさないようにすると誓約し、百済、高句麗王も共に拝伏したと述べている(106)。

それ以来、朝鮮より八〇艘の貢船を年々奉ってきたが、其後叛く気配があったので、皇后の時には襲津彦を遣し、応神天皇の時代には紀角宿祢、仁徳天皇のときには田道、宣化天皇のときには大伴狭手彦を遣して征服し、欽明天皇の代には紀男麻呂宿祢・河臣を遣わしたが、成功しなかったので、さらに大伴狭手彦を遣わし、推古天皇のときには境部臣、天智天皇のときには阿曇比羅夫・河辺百枝等を派遣して制圧したとする(107)。

その後新羅が三韓を併呑して五五代続いた後、王建の高麗が三二代続いたが、国が混乱して李成桂が国王となり、国号を朝鮮と改めた。この李成桂が明国に朝貢を献じ、年号も受けて明の属国となり、宗廟と奉るべき五十猛の神に対する意識も失われてしまって、明の支配下に置かれたが、その間日本も乱世が続き、国中の士民さえ王化に従わない状況になったので、朝鮮国からの貢も断絶してしまった。それを豊臣秀吉が武徳を以て日本を統一し、朝鮮を征伐して神代の遺風、神功皇后の叡徳を継いで長く武光を後世に輝かしめたことは豊臣秀吉一人の武功だけではなく、万世の亀鑑であって、朝鮮国が存在する限り、日本に背くようなことがあれば日本の武将は征伐しなければならない(108)と主張する。

⑥　日初寂顕（一七〇一～一七七〇）

黄檗宗の僧侶であった日初寂顕《ニッショジャクケン》は、『日本春秋』(109)において、

既而進雄神《スサノオミコト》　栲幡新羅枳《タクハタシラギノ》国に到り、蘇戸茂利ノ処に居て其の土人の女を納れて率猛神及び大屋姫神抓津姫神を生む。(110)

と述べ、一ます下げてそれに説明を加えて檀君について言及している。

僧顕曰く、進雄神新羅に到り、国を開き牛頭天王と謂う。牛頭方は新羅の地名。日本書紀を見るに。俗に伝う、進雄神韓に入る。蓑笠を着て蘇民将来に宿を乞う。蘇民将来は蘇戸茂梨の誤りか。高麗楽に蘇志摩利の曲有り。其舞蓑笠を著るの状。蓋し進雄の故事なり。東国通鑑に称する所。東方の神檀樹の下に降る。是れを朝鮮檀君と謂う、世を治めること三千年、政衰えて殷の箕子代わりて朝鮮の王たり。檀君の子孫分離して諸韓となりし者若干。久しくして箕子の政衰えて、諸韓のなかの強大な者三氏、箕子を討ち、三分して鼎立す。是を新羅・百済・高句麗と謂う、按ずるに檀は香木、天竺これを牛頭旃檀と称す、檀樹の在る所故に牛頭方という。蓋し進雄神開国の都なり。この時未だ新羅有らず。我が国語呼んで新羅枳となす。白樹の義なり、率猛《イソタケル》又韋檀君《イダキソ》尊と名づく。かの称する所の檀君是なり。我これを称して韓神と曰う、又新羅明神と曰う(111)

と述べて素戔嗚尊が新羅の国を開いたとする。そしてその子の韋檀君《イダキソ》尊が檀君であるとも述べて、自分はそれを韓神とも新羅明神ともいうのであるとする。さらに

進雄神は業を卒猛神に伝う、大屋・抓津の二女を率いて出雲に還る。久しくして熊成峰に薨じ、これを杵築大社に祀る。大屋姫抓津姫の二神は父神に従いて還り、百の樹種を持ち帰り、以て種植す。遂に木国に止まる。(112)

と述べて、素戔嗚尊は五十猛の命に業を継がせて自分は二女を率いて出雲に帰ったとしている。したがってこの記事からすると素戔嗚尊は開国の始祖で、五十猛命が檀君であったことになる。

朝貢に関しても、多数の記述がみられるが、欽明天皇代の一例を取り上げてみればつぎのようになる。

（1）欽明天皇庚申元年秋八月　「高麗百済新羅任那並貢献」（『日本春秋』之四、三頁）
（2）欽明天皇四年秋九月「百済王聖明遣レ使、献扶南之財」（同上書、四頁）
（3）同　七年「百済遣レ使ヲ貢献」（同上書、四頁）
（4）一一年「百済遣レ使ヲ、献ス二高麗虜十口ヲ一」（同上書、四頁）
（5）二一年「新羅遣レ使ヲ、貢献ス、朝廷饗賜甚厚、使者歓帰」（同上書、六頁）

⑦　頼　襄（山陽）（一七八一～一八三二）

大阪出身の頼山陽は、『日本外史』や『日本政記』を著わした著名な歴史家であるが、『日本外史』を著述するにあたり用いた文献のうち、朝鮮半島の文献としては、『懲毖録』が記載されているだけで国学者や儒学者が読んだとされる『東国通鑑』、『朝鮮史略』などの書物は記載されていない。それ以外の朝鮮と関連する書物としては日本人の著述になる『朝鮮軍記并図』、『朝鮮征伐記』、『高麗陣日記』、『朝鮮物語』である。

頼山陽は、

外史氏曰く、……（中略）、故に天下有れば則ち天子必ず征伐の労を親す。否ざれば、則ち皇子皇后之に代わり、敢えて之を臣下に委ねざるなり。是を持って大権上に在りて、能く海内を制服し、施いて三韓粛慎に及ぶまで来王せざる無きなり[113]

とあるように、上古の兵権は天皇にあったとした上で、三韓、粛慎の王まで貢ぎ物をもって日本に来朝しないものはなかったと考えていた。

また『日本政記』においても『日本書紀』に則って天皇中心に記述しているために、その内容は『日本書紀』の内容を簡潔に省略している内容になっている。そして頼山陽自身の見解を披瀝している記述もみられるが、一例を挙げれば、神功皇后の三韓征伐に関して、

> 前志記。仲哀崩之際。多二曖昧者一。後世読者。不レ免レ容二疑於神功皇后一云。頼襄曰。是不レ容レ疑者。吾深会二其前後事跡一。断知二其不一レ容レ疑也。……（後略）(114)。

とあるように、「神功皇后の三韓征伐に関しては、疑いを抱く人士が多いと思うが、自分は、疑いを差し挟む余地はないと考えている」している。

また応神天皇七年秋九月の条では、『日本書紀』に「高麗人・百済人・任那人・新羅人、並来朝。……(115)」とあるのを「高麗百済任那新羅並入貢……(116)」としていて、来朝を入貢と記述していて、『日本書紀』の記述よりも朝鮮半島の四国を見下げた記述にしている。『日本外史』・『日本政記』はともに日本の歴史を記述したものであることから、朝鮮半島の始祖に関しては言及していない。

（四）華夷意識の変容と神道論の展開

① 華夷意識の変容

朝鮮国の文化にたいして理解を深めていた雨森芳洲は、華夷についてつぎのように考えていた。

> この国のごとく、おほきなる弓を用ゆる処、ほかになければ、もろこし人の夷といへるは、もとこの国をさした

るにや。大連少蓮といへるも、この国の人なるべし。孔子の九夷に居らまく思ひ給ふも、この国孝順の俗ある事など、聞きつたへ給へるゆへにやと、ある人のかたりき。もろこしのほかなる国ども、狄といひ、羌といひ、蛮といへる、北南西ともに獣虫のつきたる文字なれど、東の国は仁にして寿ながきゆへ、さはなきなりと、もろこし人のいへる言葉あり。もろこし代々の記録をも閲《けみ》し、また韓の風儀をもしたしく見るに、げにもとおもふ事おおし。されど仁といへるも、その道を得ざれば、まことの仁にあらず。寿ながきも、その人々の心にこそよるべけれ。ありがたき国に生れたる人は、その道をつくして、もろこし人の言葉、うそならぬやうにすべきにや。(117)

とあるように、雨森芳洲（一六六八〜一七三五）は中国が夷といっているのは日本のことで、孔子が九夷に居らんとしたのも日本が孝順の風俗があることなどを伝え聞いたからであろうと或る人がいっていること、また中国の外の国は狄といい、羌といい、蛮といって北・南・西はともに獣虫のつく文字になっているが、東の日本は仁がゆきわたり、寿命が長いのでそれとは違うと中国の人がいっている。中国歴代の記録をみてもまた韓の風俗をみてもそのように思えることが多い。しかし仁というのもその道を得なければ真の仁とはいえない。長寿もその人々の心による。ありがたい国に生まれた人は、その道をつくして中国の人の言葉をうそにならぬようにすべきであるという。つまり日本と朝鮮は夷の地域であることを認めつつ、東北アジアのほかの国よりはすぐれているという民族意識と優越意識も持っていた。また

もろこしは世界の中にて、仁義礼楽の興りたる聖人の国なれば、中国といへるはことはりなりといへるもあり、またその国より見れば、いづれか中国ならざるやといへるもあり。韓人もその国をあがめて、えびすにはあらずといへるこころにて、東華ととなへ、もしもえびすなりといへば、こころよからずおぼゆと見へたり。……(118)

とあり、中国は仁・義・礼・楽の興った聖人の国であるから中国というが、自分の国から見ればみな中国にあたるの

ではないかという説もある。韓人も自国をあがめて夷ではなく東華ととなえたりしていると述べて、雨森芳洲は中国が華であると認めつつ、それぞれの国からするとすべて世界のなかにあたるのではないかという説もあるとし、韓人も夷と呼ばれることを嫌い、東華と呼んでいると指摘する。雨森芳洲のその論拠はつぎの文からみてあきらかである。

……国のたふときといやしきとは、君子小人の多きと少なきと、風俗のよしあしとにこそよるべき。中国に生まれたりとて、誇るべきにもあらず。また夷狄に生まれたとて、恥ずべきにしもあらず。おろかなる人は、田舎人の田舎人なりと、人のいへるを聞きて、恥ぢの、しるがごとく、なにのゆへもなく、その国を中国なりといはむとす。さる事にはあるまじ。(119)

中国に生まれたからといって誇る必要はなく、夷狄に生まれたからといって恥じる必要はない。国の善し悪しは君子と小人の数、風俗の善悪によって決められるべきものであるという。ここで雨森芳洲は、はっきりとはさせていないが、日本という自国の存在を意識して深く考えているようにみえる。

② 儒学者の神道論の展開

そうした国家観は同じ儒学者の山崎闇斎（一六一九～一六八二）も朱子学を研究する上で朝鮮の大儒李退渓の学問を研究し、尊敬していたとされるが、そのいっぽうで闇斎自身は儒学者としてとくに『春秋』の大義を明らかにしたことで知られ、また江戸時代に展開された神道について理解を深めて垂加神道を確立したとされる。この神道の根源は『日本書紀』の神代巻や『古事記』にあり、日本民族の信仰の上に形成された宗教思想であるとされ、とくに谷川士清の『日本書紀通証』（宝暦一二年刊）は垂加派の神代研究の成果であるとされる。(120) したがって儒学者のあいだには『日本書紀』・『古事記』などの書が重要な根拠とされるようになったと考えられる。それは寛文二年（一六六二年）に、朱子学に飽きたりず、山鹿素行（一六二二～一六八五）が朱子学を批判し、伊藤仁斎が「古学」を唱えた時期とも一致しているように思え、この二人は朝鮮国にたいして朝貢関係、属国観を表明している[121]。そして山崎闇斎については

　垂加先生神道ヲ主張スルヨリ、日本モ中国也ノ論アリテ、程子ノ「天地無㆓適不㆒㆑為㆑中」ノ語ヲ以テ証トシ、朱子ノ説ヲ可㆑疑ト云ハレシコト、程書抄略上巻細字ノ中ニ見ヘタリ[122]

とあるように、山崎闇斎は神道を主張するようになって、日本も中国であるとの論を打ち出したことを示している。また山崎闇斎は門弟に向かって「今もしも孔子を大将とし、孟子を副将として中国が攻め込んできたらどうするかという答えとして、不幸にしてこのような事に遭えば我々は鎧を身につけて手に武器をとって戦い、孔子・孟子を擒にして国恩に報いるよりほかない[123]という説、及び

　神人は日出ずるところの日本に出、聖人は日没するところの中国に出たけれども……[124]

とあるように、儒者でありながら、日本を中国とし、中国をはじめて夷狄であるというようになった。さらに、神人は日本に出たが、聖人は中国で出たとして日本は中国よりも尊い国であり、日本から最初に神人が出現し、それからはじまった世界であるとの見解を打ち出して、当時の儒学者が中国を「華」として崇拝し、日本を「夷」とみなすことを否定した。雨森芳洲や山崎闇斎のような日本を中心とする民族主義的主張がみられるようになって、朝鮮国にたいする史的認識は『日本書紀』などにみえる朝鮮に関する記述を信じて、日本人は、朱子学を信奉して国是としている朝鮮国にたいし、敬意を持たなくなり、しだいに朝鮮国は日本の朝貢国であるかのように思い込み、属国意識を持つようになっていったのではないかとも思われる。

　日本の儒者たちの華夷意識の変容にともなうこうした一連の思想史的流れについて、いみじくも「江戸時代の初め、林羅山をはじめとする儒者たちは、いっぽうで儒教の普遍性を説きつつも、他方で、神道についての新たな教説の形

成を行っている。儒教が普遍的な教えであるならば、敢えて別に「神道」を持ち出す必要はないと思われるにもかかわらず、儒教思想を組み込んだ神道説の樹立を試みるということは、宋学や陽明学といった新しい思想を受容する過程において、それを受容する主体の確立、自らの立脚点の確認が求められたことを意味している」という主張[125]もなされている。また「儒学の影響を受けた神道の倫理化は、近世はじめの傾向であるが、垂加派の立場は、単に神道と儒道との一致を説くのではなく、神道は日本の道として完結し、他を俟たないものとする点にその特徴があろう。……神代の神々は道の師表としてあり、我が国には漢土の聖人を要せぬのである」とする説もなされている[126]。

二、国史概説書の史的認識

①『神皇正統記』

『神皇正統記』の記述内容についてはじめて言及したのは荻山英雄で、その文中において、『本朝通鑑』の撰者である林鵞峰が和刻版『東国通鑑』の序文に、「……日本と朝鮮とは古来より密通せる関係に在り殊に三韓は曾て我に服属したるも、彼はこれを隠蔽する傾向あれば、両国の史籍を対比せよ」と論じてある。この趣旨は敬服の至りであるが、更に進んで、素戔嗚尊を三韓の一祖とせんも亦誣ひたりとせずやと結んだのは聊か脱線の気味がないでもない。否この説線が原因となって、後世に至り素尊の朝鮮統治説を胚胎し、再転して朝鮮開祖の祖と称する檀君を以て素尊の同一神とする憶説迄も現わるるに至ったのである。尚鵞峰以前の素尊と朝鮮との関係記録を一瞥するの要がある。素戔嗚尊の朝鮮に関する最古の記事は、今より一千二百年前に編纂せられたる日本書紀の註に、「……素戔嗚尊新羅国曾戸茂梨の処に降り到る……、素戔嗚尊熊成峯に居まして遂に

> 根国に入李益城……」とあるを以て初見とする。即ち書紀には素尊が新羅に渡らせ給うたことを記すのみであって、経営の明文は無いが、六百余年を経たる後北畠親房は『神皇正統記』におぼろ気ながら次の如く書いた。「天地ひらけて後素戔嗚尊韓の地にいたり給いきなど云う事あればかれ等の国々も神の苗裔ならん事あながちくるしみなきにやそれすら昔よりもちいざることなり。然るにそれから三百余年後の寛文年間に至り、鵞峰が素尊を三韓の一組に擬して以来、東国通鑑の流布と共に、其の説は漸次有力なるものとなって一般に信憑せらるるやうになった。例えば今より凡そ百四十年前の天明年間考古学者藤井貞幹の出版した衝口発などには明確に、「素戔嗚尊は辰韓の主也……按次次雄は即素戔嗚尊也古音相通ず、然らば則新羅の君長たること明白也」と記したのである。それのみならず二、三十年後の寛政年間に伴資房が閑田耕筆を著わすや「朝鮮国の初め主を檀君といふこれ素戔嗚尊にておはしますと対馬にての話なりとなん……」と述べた。之より素尊と檀君とが同一神となって了ったのである。降て明治の初年京都八坂神社の建内茂継氏が同社の縁起を改作するに際し、再度素尊檀君説を唱導した之が素尊三韓統治説を相並んで普く世人に衍述せられ、遂には一部学者の間にさへも実説として承認せられる事となった。以上は素尊と朝鮮との関係記録を只歴史的に羅列し、結論を書いたに過ぎないのであるが、深く研究するには実に面白い題目である。啻にそれのみならずこの事は内鮮《ママ》両民族の思想上にも重大なる意義があるから慎重に考慮せざるべからさる実際問題点である。一編の内地版東国通鑑の序文——そが後世に胎したる影響を顧みる時、決して軽々に看過することができない(127)。

と述べて、林鵞峰が和刻版『東国通鑑』の序文に「素戔嗚尊が三韓に一祖と考えられる」と述べたために後世に檀君と素尊を同一神とする臆説まで意識されるきっかけを与えたとしている。

②『稿本国史眼』（重野安繹、久米邦武、星野恒編纂、七巻。大成館、史学会印行、東京帝国大学蔵版、一八九〇年）

では、素戔嗚尊について、

……是ニ於テ素戔嗚尊ヲ逐フ。尊出雲ニ到リ。……（中略）。……大国主ノ命ヲ生ミ。遂ニ韓国ニ往ク。[128]

と記述し、また

初メ素戔嗚尊ノ浮宝ヲ作リ。韓国ニ往来シテ其金銀ヲ取ント欲ス。浮宝ハ船ナリ。相楠二木ヲ植エテ船材トス。船舶此ニ昉マル。……。[129]

とあり、素戔嗚尊が朝鮮半島の始祖であったとは記述していないが、ついで

「素戔嗚尊出雲に鎮シ。大国主命之ヲ受ケ。新羅及ビ常世国ト交通セリ。瓊瓊杵ノ尊モ吾田ノ岬ノ韓国ニ通ズルニ便ナルヲ以テ都ヲ定メ海外ノ交通ハ国初ヨリ既ニ久シ。常世国ハ橘ヲ産ス。南洋ノ国タルコト明ナリ。辰韓ニ鉄ヲ出ス。我民及ビ馬韓新羅濊人皆之ヲ市フ。是海南海東ノ諸国羣島ハ相往来セシヲ徴スベシ。稲氷ノ命ノ新羅ニ王タリシヨリ。此紀ノ末ニ至リ。其王子天ノ日槍、国ヲ弟知古に譲リ。宝器ヲ齎シテ来帰シ。但馬ニ居住ス。是ヲ出石神宝トス。……[130]」。

と述べて、稲飯命が新羅の王であったとしている。

また一例をあげれば、同書の目録に「韓土服属の世」という項目を設けて、仲哀天皇から仁徳天皇にいたる二〇八年間を朝鮮半島が日本に服属するようになった時代であるとして論じている。神功皇后が新羅を討とうとしたことについても

……順風大ニ起リ。新羅に突至ス。新羅王波沙錦降ヲ乞ヒ。毎年貢船ヲ進ント約ス。……（中略）韓地ノ半島ハ全ク版図ニ帰ス。後世太后ヲ神功ト謚シ。香椎ニ祀リ。[131]

と述べて、古代の朝鮮半島は日本が支配していたかのように記述しているのは、『日本書紀』、『古事記』などに追随しているほかの諸学者の見解と同様である。

結　言

日本の諸学者、知識人は朝鮮半島から将来された文献をすべて活用することは困難であったから、利用し得る数少ない文献を用いて朝鮮半島の文化や歴史を理解しようとしていたが、日本には、『日本書紀』や『古事記』の歴史記述が存在していたから、古来より朝鮮半島は日本の朝貢国であり、服属していた国であるとの認識が強かった。さらに華夷意識も変容を遂げ、日本は神人の国、中国は聖人の国であるという認識が強まっていった。そこから朝鮮半島の始祖は素戔嗚尊であるという認識が思想的背景となって形成されていったものと考えられる。そのことを最初に言及した概説書は、『神皇正統記』で、その後概説書はあまり刊行されなかったのであるが、一八九〇年に刊行された『稿本国史眼』では、素戔嗚尊が朝鮮半島の始祖であったとまでは明言していないが、朝鮮半島に往来していたと記述しており、また日本が古代の朝鮮半島を支配していたかのように記述しているのは、ほかのそれまでの諸学者の認識とあまり変わっていない。

註

（1）『朝鮮の朱子学と日本』（東京大学出版会。一九六五年）において阿部吉雄は、藤原惺窩、林羅山、山崎闇斎などの日本の朱子学者は朝鮮の朱子学者、とくに李滉を尊敬して多くを学んだとする。矢沢康祐は「江戸時代における日本人の朝鮮観について」において、それは稲葉迂斎、稲葉黙斎、上玉水とつづき、さらに古賀精理、大塚退野、藪狐山、横井小楠、元田永孚なども李退渓を尊信し続けていたとする。

（2）旗田巍『アジア・アフリカ講座（3）日本と朝鮮』（勁草書房、一九六一年）所収の「日本人の朝鮮観」参照。

（3）矢沢康祐『江戸時代』における日本人の朝鮮観について」（『朝鮮史研究会論文集6　一九六九年）参照。

（4）衣笠安喜『近世日本の儒教と文化』（思文閣、一九九〇年）

（5）①韓桂玉『征韓論の系譜』（三一書房、一九九六年）、②吉野誠『明治維新と征韓論――吉田松陰から西郷隆盛へ』（明石書店、二〇〇二年）、③ドナルド・トビ「平和外交が育んだ侵略・征韓論」（『アジア理解講座　日韓中の交流』吉田光男編、山川出版社、二〇〇四年）などを参照。

（6）江戸時代の朝鮮史認識及び蔑視観について言及した文献にはつぎのような論考がある。①荒野泰典『近世日本と東アジア』（東京大学出版会、一九八八年）②塚本明「神功皇后伝説と近世日本の朝鮮観」（「士林」七九巻六号、一九九六年）③李元植『朝鮮通信使の研究』（思文閣出版、一九九七年）第三部第四章相互認識条。④閔徳基「江戸時代日本儒学者の朝鮮認識」（『韓日両国の相互認識』（韓日関係史学会編、韓国国学資料院、一九九八年）所収。⑤池内敏『「唐人殺し」の世界――近世民衆の朝鮮認識』（臨川書店、一九九九年）。⑥倉地克直『「鎖国」のなかの「異人」たち――近世日本人は朝鮮をどうみていたか』（角川選書、二〇〇一年）。⑦金仙熙「江戸期朱子学者の「武国日本」認識と朝鮮観――新井白石・雨森芳洲・中井竹山を中心に――」（広島大学大学院教育研究科紀要　第二部、第五一号、三七五～三八三頁、二〇〇二年）⑧荒野泰典「近世の対外観」（『岩波講座日本通史』・近世3、一九九四年）⑨前田勉『中朝事実』における華夷観念」『愛知教育大学研究報告』五九、人文社会科学編、二〇一〇年）。⑩上田正昭『雨森芳洲』（ミネルヴァ書房、二〇一一年）。⑪位田絵美「『和漢三才図会』にみる対外認識」（『歴史評論』五九二、一九九九年）⑫三宅英利『近世アジアの日本と朝鮮半島』朝日新聞社。⑬金光哲『中近世における朝鮮観の創出』（校倉書房、一九九九年）。⑭山田智・黒川みどり編『内藤湖南とアジア認識　日本近代思想史からみる』（勉誠出版社、二〇一三年）⑮浜下武志『朝貢システムと近代アジア』（岩波書店、一九九七年）

（7）寛政八年四月刊。鈴之屋蔵版、製本　勢州津　山形屋伝右衛門。

（8）『馭戎概言』上之巻、上に、「もろこしの国は。筑紫のはるかに西のおきなかに在て。これはたから国ともいへり。からとは。東の方なるをえみしといふごとく。西の方のもろもろの外国をなべていふ名なり。さてこのもろこしといふからは。韓のからの西南のかたにつづきて。いと大きなる国にて。胡の国天竺などいふらん国迄も皆つづける。むかし漢といひ唐といひしが。やや久しくたもちける故に。其すぢほろびての後の世にも。なほ漢とも唐ともいへり。されば皇国にても。からことばには。今に此二つの名をよびて。やがてその唐の字を。もろこし共から共よめり……」

（9）同上書、同条に、「天日大御神の御子の尊の所知食。此ノ大御国に。外国もろもろのまつろひまゐる事の始〆をたづぬれば。師木瑞籬宮御宇【崇神】天皇の大御代の七年に。天皇の大御夢に。大物主大神のみさとしごと有て。同き十一年に。あだし国人あまた参りきつるよし見えたるは。いづれの国々ともしられね共。今思ふに。よものほとりのちひさき国どものそのかみは。おのおのひとりだちたるをさのありけむが。此御代よりまつろひまうきて。皇朝のみのりをばうけ給はり始めけん。そはただ何の嶋々の嶋などいひて。後には国々につける嶋々なるべし。次に同き御代六十五年の秋。任那の国といふより。使まゐりて。みつぎ物を奉りき。そは筑紫をはなれて。二千余里北の方にある国也と見えたり。此国は。もろこしの書どもにものせて。後の世までからなれば。これをぞまさしく外国のまゐりし始とはいふべき。かくて師木玉垣宮御宇【垂仁】天皇の二年。むとせといふになん。かの使御いとまを給はりて。国にかへりける。其時赤絹百疋を。其王に賜ひつかはしき。同三年新羅国の王の子天日槍まゐる。その後息長帯姫尊。【神功】神の御教にしたがひて。御みづから新羅の国をことむけにおはしましに。其王やがて大御船のまへにまゐりて。くさぐさのちか言をたてて。まつろひしより。つねに八十艘のみつぎを奉る例とはなれりけり。此時高麗百済のふたぐにも。同じさまにまつろひ参りてよりこなた。この三の韓のから国。またそのわたりの国々も。ひたぶるに皇朝のみのりにしたがひて。つかへまつりし事は。世の人もよくしれるが如し。」

（10）同上書、同条に、「さてみこともちをつかはしてなん。其くにぐにの事はとり行はせ給ひし。書紀に日本府とあるこれ也。然るをかの韓の国の。三国史記東国通鑑などいふふみどもに。一言もかかることをばしるさずして。ただ皇国の事をば。よそげに。おのがひとしなみの国の如くいへるは。古にかくみやつことして。つかへまつりしことをきらひて。はぶける物也。されど中昔までも。まさしく使をさして。みつぎ物奉りしこと絶ず。又もろこしの国の隋書といふふみにも。新羅百済皆以レ倭為三大国多二珍物一。並敬仰レ之。恒通レ使往來といひ。近き明の世の世法録といふに。御国の事をしるせるにも。其ノ属国有二五十余一。新羅百済莫レ非二属国一。といへるなどを見ても。かのふみ共のまことならぬはしるべき也。さて此三の韓国の中にも。」

(11) 同上書、同条に、「百済は。かの姫尊の御時より。内官家国と定め給ひて。皇国の内の御県にもことならず。殊にあつき御恩をかけ給ひて。御代御代をへて。まめやかにつかへまつり來にしを。新羅ぞまめならずして。ともすればそむきまつりて。西のほとりの国にあたせし事なども。をりをり有しを。つひに近江大津宮御宇【天智】天皇の 御世に至りて。百済は。新羅唐のあたどもにほろぼされ。高麗はた程もなくほろびにたり。さて後寧楽宮御宇聖武天皇の御世に。又高麗より出し渤海といふ国より。使をさし。ふみをもみつぎものをも奉りはじめて。延喜のころ迄も絶ずつかへまつりしを。その後程なく。高麗の王建といひしもの。三韓のあたりの国共を。みなひとつにあはせとりて。又 高麗となんなのりゐたりしを。後小松ノ天皇の御時にほろびて。其臣に李成桂といひしをのこ。かはり立て。国の名をも。朝鮮となんあらためける。昔を思へば。此朝鮮は。今も琉球などとひとしなみに。大御国には。みやつこと申て。つかへまつるべき国なるぞかし。」

(12) 同上書、上之巻　下　近江大津宮御宇【天智】条。

(13) 同上書、上之巻　下　孝謙天皇条。

(14) 同上書、上之巻　下　孝謙天皇条。

(15) 同上書、同条。

(16) 『馭戎概言』下之巻　下条。

(17) 同上書、同条。

(18) 同上書、同条。

(19) 同上書、同条。

(20) 『馭戎概言』上之巻、上条参照。

(21) 『衝口発』冒頭条。

(22) 同上書、言語条。

(23)『鉗狂人』冒頭条。
(24)『衝口発』皇統条。
(25)『衝口発』国史条。
(26)『鉗狂人』国史条。
(27)『古史徴』巻三之下、第六五段参照。
(28)(同上書、第六七段に、「……初五十猛神天降之時多将樹種而下。然不殖韓地。尽以持帰。遂始自筑紫」とある。
(29)同上書、第七四段に、「韓神曾富理神《カラノカミソホリノカミ》と申すを。五十猛神の亦名と定たる事。また此神の宮内省《ミヤヌチノツカサ》に坐す由などは。第七十四段の徴にいへり」とある。
(30)同上書、序文条。
(31)同上書、緒言条。
(32)『太古史年歴考』一九頁参照。
(33)同上書、二〇頁。
(34)同上書、二二頁。
(35)同上書、同条。
(36)同上書、二二頁参照。
(37)同上書、同頁参照。
(38)同上書、二三頁参照。東国通鑑ハ檀君ノ寿。一千四十八年ハ。唐堯二十五年戊辰ヨリ。商武丁三十九年乙未に至ルノ歴年ナル赴キナリ。然ルニ。志那史ニ由テ。唐堯戊辰ヨリ商武丁ノ乙未ニ至ル。暦年ヲ算スレバ。九百九十八年ニシテ。通鑑ノ誤謬著明ナリトス。故ニ今ハ東国史略ノ檀君興初ヨリ。滅亡ニ至ル。一千五百年トアルニ拠ル。之ニ拠レバ。檀君即位ハ。黄帝九年庚辰ニ当レリ。然レバ。又東国史略ニ夏禹元年ニ扶婁。塗山ニ会シタリトアルハ。少昊金天氏元年ノ誤ナルコト著シ。歴史綱鑑云少昊金天氏元年。鳳鳥適至ル因ル以レ鳥紀ルレ官トアルニ。合エリ。志那ニテ東方ノ王及王使ヲ鳳凰ニ比セシコト次ニ云ヘリ。東国史略云聞ク新羅人自以二少昊金天氏之故一。姓金氏トス。トアルハ扶婁ノ古事ニ由テ云ヘルナルベシ。猶朝鮮太古史考ニ云ベシ。

紀一書云。素戔嗚尊帥二其子五十猛神。降二到於新羅国一。閑田耕筆伴蒿蹊著 朝鮮初ノ王ヲ檀君ト云フ。是レ素戔嗚尊ニオハスト。対馬ニテノ話ナリトナム其素戔嗚尊ノ朝鮮へ渡リ給ヒシト云ヘル所。対馬ノ西北ニテ飛岬ト名ク云云。日本春秋僧顕著 東国通鑑所レ称。東方神降二檀樹下一。是謂二檀君《タキ》一治世三千年。政衰殷箕代王二於朝鮮一云云。伊檀君《イタキ》彼所レ称。檀君是也。此土称曰二新羅明神一。又曰二韓神《カラカミ》一。

（39）『朝鮮通信使の研究』第三部通信使の活躍、第四章相互認識条。五五〇頁。（思文閣出版、一九九七年）

（40）『林羅山文集』巻第一二、朝鮮信使来貢の記条に「朝鮮者ハ自レ古為二我カ西蕃一今及テ二其ノ来ルニ一以厚ク恵ムレ之ヲ是亦柔ヤスンジ遠人ヲ一懐ナ二ツクル諸ノ侯ヲ一之意乎」とある。

（41）『林羅山文集』巻第六六、随筆二、一〇七条

（42）同上書、巻第七、書六、又、正保二年作条。

（43）傍線は筆者。同上書、巻第三九、小伝、王仁条。

（44）同上書、同条。

（45）同上書、巻第三九、観勒曇徴条に、「観勒ハ推古十年十月、百済国貢シ来ル、有リ二学術一、献ズ二暦本及ビ天文、地理方術ノ書一ヲ、曇徴ハ高麗人十八年三月貢シ来ル、曇徴善ス二五経一ヲ、又有リテ二伎芸一造リ二碾磑（石臼）一ヲ、工ナリ二彩画一ニ一人共ニ僧ナリ也、一ニ云ク後以テ二其ノ才一ヲ冠ストニ勒徴二人一ニ云フ……」とある。

（46）同上書、巻第三九、呉織条に、「呉織《クレハ》ハ百済国ノ之女工ナリ也、応神ノ十四年貢シ来ル、女工姓ハ呉氏以ハ三其ノ善ク巧ニ織ルオ二縑帛一ヲ故ニ……」とある。

（47）『新刊　東国通鑑』序文参照。

（48）和刻版『新刊　東国通鑑』、寛文七年刊、序文条。

（49）前掲の前田勉「山鹿素行『中朝事実』における華夷観念」（『愛知教育大学研究報告』五九、人文・社会科学編、二〇一〇

年）

(50) 『中朝事実』（『新訳中朝事実』島津学堂訳述、三陽書院、一九三五年二月を使用）礼儀条。

(51) 同上書、神教章条。

(52) 同上書、同条。（出典：『日本書紀』巻第一〇、応神天皇十五年秋八月条）

(53) 同上書、賞罰章条。（出典：『日本書紀』巻第九、気長足姫尊　神功皇后、仲哀天皇秋一〇月条）

(54) 同上書、化功章条。

(55) 宮崎道生『新井白石の洋学と海外知識』（吉川弘文館、一九七三年）。第三章、朝鮮観とその認識条参照。

(56) 『古史通或問』中条。

(57) 同上書、同条。

(58) 同書、中条。

(59) 『古史通』巻之二参照。

(60) 『たはれ草』四二頁。

(61) 『三韓記略』序文に、「……麗済新羅三方鼎時、其国人称為三国、新羅在東南、百済在西南、高句麗在其北、方是時其酋長之交聘於我者、史不絶書、或有弗庭、輙致天討、故其侍子於我者、新羅而二、百済而四、況百済国、常蒙吾卵育之恩、貢経典、献巧伎、於吾最親、故我国授之冠階。出之援兵、継絶挙廃、待以属国之礼、先王之所以撫字之者至矣」とみえる。

(62) 同上書、同条に「……及羅氏之統三、高麗朝鮮、相継拠国、彊域不分、毎妄尊大、欲鄙夷我、如権近申叔舟者、其国学士之傑者、視其文詞之間、称我如諸夏之外國、亦独何哉」とみえる。

(63) 同上書、同条に、「然自金元氏至明氏嘉隆之世、吾邦　王三綱不紐、民不聊生、辺氓之不逞者、寇其縁海郡県、焚蕩俘略、殆無虚月、府尹牧使莫之敢抗、劻勷不已、殆三百余年矣、驕肆之習、無所復用、嗚呼、不能却敵于鋒鏑鋌鍜之間、而文飾乎、口舌文字之中、宜其及也、幸今国家様平日久、其国生霊、亦得保生、豈非国家無外之仁所被曁乎、今也通信使价、世而一王、夷貨之輸、無歳不至、則其国世代彊理、亦大史氏之所或詢採也、較夫記真蝋、志滇戴者、盖亦不為無益矣、旹　日本宝永元

年夏六月　平安伊藤長胤　序」とみえる。

(64) 東都書林、須原屋市兵衛梓、一七八六（天明六）年刊。

(65) 同上書、題初条。

(66) 一八〇一年（享和元年）刊。

(67) 『閑田耕筆』巻之一

(68) 黒木貞永『清正勲績考』巻第九「朝鮮国来歴ノ事、附朝鮮王李氏大明に属スル事」条に、「……、此時ニ御子五十猛神ヲ彼新羅国ニ残シ置テ彼国ノ主トシ給フ故ニ素戔嗚尊ノ曰ク、韓郷ノ島ハ是金銀アリ、若吾児ノ所御スル之国ニ浮宝アラズハ未是佳也トアリテ、乃チ鬚髯ヲ抜テ之ヲ散チ給フガ杉ノ木トナリ、又胸ノ毛ヲ抜テ散チ給フハ檜トナル、其外柀・櫲樟等ノ諸ノ木ヲ生シ、已ニ其用フべキ法ヲ定テ杉及ヒ櫲樟此両ノ樹ハ浮宝トスヘシ、檜ハ以テ瑞宮ヲ作ルノ材トスヘシ、柀ハ以テ顕見蒼生ノ家居ノ諸道具ヲ造ルヘシトアリ、其瞰べキ八木種五穀ヲ植ルコトヲ教へ能播生給フ、是ヨリ彼国ニ人民栄昌フ」とみえる。

(69) 同上書、同条に、「宗廟ト崇奉ルべキ五十猛《イタケル》神ノ祠モ退転シ問伝べキ神ノ道ヲモ忘却シテ明朝ノ旗下トナリ、我国モ数百年ノ乱世ニテ国中ノ士民スラ王化ニ従ハザル躰トナリシカバ、早晩《イツ》トナク彼国ノ貢モ断絶ニ及ヘリ、」

(70) 同上書、同条。

(71) 松下見林『異称日本伝』摂州北ノ御堂前、書肆毛利田庄太郎開版、一六九三年。

(72) 『東国通鑑』巻之一、三国紀、新羅・高句麗・百済条。

(73) 前掲の『異称日本伝』巻下之三、辛未条。

(74) 同上書、同条。

(75) 同上書、同条。

(76) 韓致奫『海東繹史』（一八一四年頃）、第四一巻、交聘志、九参照。

(77) 前掲の『異称日本伝』高麗紀、恭譲王三、壬申四年条。

(78)『和漢三才図会』巻之六四、地理、朝鮮国条。
　○東国通鑑云当初無ク二君長一有リ二神人一降リ二于檀ノ木下ニ一国人立テ為スレ君ト是ヲ為ニ二檀君ト一国ヲ号ス二朝鮮ト一唐ノ尭ノ時也初メ都シ二平壌ニ一後徙ス二都ヲ白岳ニ一至テ二商ノ武丁八年ニ一入リ二阿斯達山ニ一為ルレ神ト周ノ武王封テ二箕子ヲ於朝鮮ニ一都ス二平壌ニ一教ルニ二其民ヲ一以ス二礼義田蠶織作ヲ一也本名ケ二馬韓辰韓卞韓ト一謂フ二之ヲ三韓ト一是即チ百済高句麗新羅也既而高麗ノ王建為テ二三韓統一ヲ一後至テ二李成桂ニ一復タ改名ク二朝鮮国ト一。

(79)同上書、巻之一三、異国人物、朝鮮条。

(80)『東国通鑑』三韓条に付された権近の付記。

(81)『和漢三才図会』巻之一三、異国人物条。「朝鮮来貢于日本之始」条。（出典：『日本書紀』巻第六、垂仁天皇三年春三月条。）

(82)同上書、巻之三、神功皇后征三韓条。（出典：『日本書紀』巻第九、神功皇后九年冬十月三日条。）

(83)同上書、同条。

(84)同上書、巻之一九、神祭、佛器、高狗麗条。

(85)『和漢三才図会』巻之一三、異国人物、朝鮮条参照。

(86)木村右衛門『朝鮮物語』（山城屋茂左右衛門・江都書林藤木久市。一七五〇〈寛延三〉年刊。本考では、京都大学文学部の昭和四十五年復刻版を使用。）

(87)同上書、巻之一、三韓日本に属す条。

(88)同上書、巻之一、同条。

(89)同上書、巻之一、同条。

(90)同上書、三韓日本に属す条及び『日本書紀』巻第一一、仁徳天皇五一三年条に「新羅不朝貢。夏五月、遣上毛野君祖竹葉瀬、令問其闕貢。」

(91)同上書、三韓日本に属す条。

(92)同条書、高麗国王建が事条。

(93)同上書、巻之一、大明国日本と和平によって朝鮮より日本に和平を乞う事条。

(94) 同上書、巻之一、高麗国王建が事条。
(95) 一七八一年（天明元）年刊。
(96) 一七八五年成立。文政四年（一八二一）刊。
(97) 『衡口発』冒頭条。
(98) 同上書　言語条。
(99) 『鉗狂人』冒頭条。
(100) 『衡口発』皇統条。
(101) 同上書　国史条。
(102) 『鉗狂人』国史条。
(103) 『清正勲績考』巻第九、朝鮮国来歴ノ事、附朝鮮王李氏大明ニ属スル事条。
(104) 同上書、同条に、「朝鮮永ク日本ニ属スルコトヤ、遠ク其根元ヲ尋ルニ、天地開闢シテ神代ノ太古日ノ神ノ御弟素戔嗚尊ト申シ奉ルハ伊弉諾・伊弉冊御子ナリト申セドモ、金気壮盛ノ勇猛ヲ震ヒ給フ故ニ、所行無状トテ諸ノ神タチ科スルニ千座ノ置戸ヲ以テシ遂ニ根ノ国ニ逐フ、是ノ時ニ素戔嗚尊其ノ子五十猛ノ神ヲ帥テ新羅国ニ降到シテ曽尸茂梨ノ処ニ居給ヒテ興言シテ曰ク、此国ハ吾居マク欲セジト、遂ニ埴土ヲ以テ舟ヲ作リ之ニ乗テ東ニ渡リ日本ヘ還リ、出雲国簸ノ川上ニ到リマシテ、……」とみえる。
(105) 同上書、同条に、「此時ニ御子五十猛神ヲ彼新羅国ニ残シ置テ彼国ノ主トシ給フ故ニ素戔嗚尊ノ曰ク韓郷ノ島ハ是金銀アリ、若吾児ノ所御スル之国ニ浮宝アラズハ未是佳也トアリテ、乃チ鬚髯ヲ抜テ之ヲ散チ給フガ杉ノ木トナリ、又胸ノ毛ヲ抜テ散チ給フハ檜トナル、其外柀・櫲樟等ノ諸ノ木ヲ生シ、已ニ其用フベキ法ヲ定テ杉及ヒ櫲樟此両ノ樹ハ浮宝トスヘシ、檜ハ以テ瑞宮ヲ作ルノ材トスヘシ、柀ハ以テ顕見蒼生ノ家居ノ諸道具ヲ造ルヘシトアリ、其瞰ベキ八木種五穀ヲ植ルコトヲ教ヘ能播生給フ、是ヨリ彼国ニ人民栄昌フ、素戔嗚尊ノ御子五十猛命ノ御妹ハ大屋津姫命、次ニ抓津姫命、凡テ三ハシラノ神モ亦能木種ヲ分布シ給フ、即チ紀伊國ニ渡シ奉ル、然シテ素戔嗚尊熊成峯ニ居テ遂ニ根ノ国ニ入リマシキトカヤ日本書紀趣意夫ヨリ以来神孫永ク彼国ヲ治メ給ヒ、我カ国神武天皇以後マテモ順ヒ奉リケルニ」とみえる。

(106) 同上書、同条に、「周ノ代ニ及ンテ殷ノ紂王ノ忠臣奴トナリシ箕子ガ子孫ヲ彼国ニ封ジラレ、其レヨリ遥ニ押移リ、周ノ世八百七十余年ヲ経テ秦ノ世ニハ遼東ニ属シ、漢ノ世ニハ皆郡県トナリ上古ノ由緒ヲモ取失ヒ、神代以来和訓ニテ新羅ト云ケルヲ辰韓ト云ヒ、百済ト云シハ馬韓ト改メ、高麗ト云シモ弁韓ト号ス、如此成ユキ別国ノ如ク心得ケルニヨリ、人皇十四代仲哀天皇ニ彼国ヲ征伐シ給ヘト神託アリシヲ猶余シ給ヒケレハ、天皇忽ニ崩御アルニ依テ、御后気長足姫尊十五代ノ女帝トシテ神功皇后ト申シ奉ルガ天ノ神ノ勅ヲ守リ、皇子ヲ御懐胎アリト云トモ甲冑ヲ帯シ給ヒ三韓ヲ征伐シ給フ、新羅王大ニ敗軍シテ陣前ニ降テ曰ク、今ヨリ後永ク船楫ヲ乾サズ、毎年御貢ヲ奉ント天地ニカケテ誓約ス、高麗・百済ノ王モ来テ共ニ拝伏ス」とみえる。

(107) 同上書、同条に、「大矢田宿祢ヲ新羅ノ金城ニ留メ置テ凱陣シ給フ時、筑前国ニテ御平産アリ、此時天ヨリ白幡四流・赤幡四流出現セシヲ以テ、壬寅ノ年四月八日ニ御降誕ノ皇号ヲ八幡尊申シ奉ル御降誕ニハ異説尤多シ、是十六代　応神天皇ニシテ後世ニハ八幡大神宮ト示現シ給フ、夫ヨリ以来朝鮮国ヨリ八十艘ノ貢船ヲ年々ニ備ヘ奉リケルニ、其後叛ク色アレハ皇后ノ御時ニハ襲津彦ヲ遣シ、応神帝ノ時ニハ紀角宿祢、　仁徳帝ノ時ニハ田道、宣化帝ノ時ニハ大伴狭手彦ヲ遣シ之ヲ征シ給フ、欽明帝ノ時ニハ紀男麻呂宿祢・河辺臣ヲ遣サルト云トモ和軍利ナカリシカハ、重テ大伴狭手彦ヲ遣サル、推古帝ノ時ニハ境部臣、天智帝ノ時ニハ阿曇比羅夫・河辺百枝等代々ノ聖主軍ヲ出シテ之ヲ征シ給フ」とみえる。

(108) 同上書、同条に、「斯テ新羅王勢ヒ強ク三韓ヲ并呑シテ五十五代相続セシニ、又高麗ノ王建勢ヒヲ得テ三韓ヲ領シ、三十二代ニシテ王顒無道ニシテ国乱レ、遂ニ門下侍郎李成桂自ラ立テ国王トナル、是レ明ノ大祖洪武二十五年也、同三十年ニ国号ヲ改テ朝鮮ト名ク、是レ日本ノ百一代後小松帝応永四年ニ当リ足利義満公ノ治世ナリ、李世桂大明ニ帰服シ、朝貢ヲ献シ年号ヲ受テ明ノ属国トナリ、子孫相続シテ今ノ王李㕣マデ十余代ニ及ヘリ、朝鮮八道ノ中、忠清・慶尚・全羅三道ハ土地肥、州県広大ニシテ豊饒ナレバ、文学ヲ崇テ博識広才ノ者多ク、平安・咸鏡二道ハ武道ヲ嗜ヒ馬ヲ馳セ弓ヲ彎テ堪能ノ者アリト云トモ其風俗非礼ニシテ極テ卑賤キ所柄ナリトカヤ、右ノ如ク時代段々ト推移シカバ、宗廟ト崇奉ルベキ五十猛神ノ祠モ退転シ聞伝ベキ神ノ道ヲモ忘却シテ明朝ノ旗下トナリ、我国モ数百年ノ乱世ニテ国中ノ士民スラ王化ニ従ハザル体トナリシカバ、早晩トナク彼国ノ貢モ断絶ニ及ベリ、然ルヲ大閤鄙賤ノ家ニ生レ給フト雫云フトモ武徳ヲ以テ治メ難キ日本国中ノ兵革ヲ打静メ、剰へ今度朝鮮ヲ征伐シテ再ヒ神代ノ遺風ヲ起シ　神功皇后ノ叡徳ヲ継デ永ク神国ノ武光ヲ後世ニ輝カシ給フハ、啻ニ大閤一生ノ武功ノミニアラズ、万世ノ亀鑑ナルヘシ、尽未来際幾度ニテモ朝鮮国ノ有ン限ハ、相背ニ於テハ日本武将之ヲ征伐シ給ハズンハ有ルヘカラズト世ニ称ス」とみえる。

(109) 日初寂顕は黄檗宗の僧侶で、大阪の生んだ学者富永仲基の遺業を継いだ人物とされる。『日本春秋』は全五〇巻。九巻四冊。大阪府立図書館本には、巻末に「明和元年〈一七六四〉閏十二月九日写終」の書き込みがあり、筑波大学付属図書館所蔵本には序の末尾に「明和　第三年〈一七六七〉十一月十日」の日付ありとある。

(110) 『日本春秋』之一、神代通紀条に、「……既而進雄《スサノオミコト》神到ニ栲幡新羅《シラギノ》枳国一、居ニ蘇尸茂利ノ処一、納ニ其土人女一生ニ率猛神一、及大屋姫神抓津姫神ニ」とみえる。

(111) 同上書、同条に、「僧顕曰、進雄神到ニ新羅一、開レ国是謂ニ牛頭天王一、牛頭方ハ新羅地名乎、高麗楽有ニ蘇志摩利ノ曲一、其舞著ニ蓑笠ニ之状、蓋進雄之事也、東国通鑑所レ称、東方ノ神降ニ檀樹ノ下、是謂ニ朝鮮檀君、治レ世三千年、政衰テ殷ノ箕子代テ王タリニ於朝鮮一、檀君ノ子孫分離テ為ニ諸韓一者若干。久テ之箕子政衰、諸韓ノ中強大者三氏、討ニ箕子一、三分テ鼎立、是謂ニ新羅百済勾高麗一、按ニ檀ハ香木、天竺称ニ之ヲ牛頭旃檀一、檀樹所レ在故曰ニ牛頭方一、蓋進雄神開国ノ都也、是時未レ有ニ新羅一、我国語呼為ニ新羅枳一、白樹ノ義也、率猛《イソタケル》又名ニ韋檀君尊《イダキソト》一、彼所称檀君是也、我称レ之曰ニ韓神一、又曰ニ新羅明神一。」とみえる。

(112) 同上書、同条に、「新羅国、蘇民将来、率猛神、大屋姫、抓津姫、三韓条に、「進雄神伝ニ業ヲ於卒猛神一、率ニ大屋抓津ニ女一還ニ出雲一、久テ之薨ニ于熊成峰一、祀ニ之ヲ杵筑大社一、大屋姫抓津姫ニ神従ニ父神一還、取ニ百樹ノ種一持歸テ以種植、遂ニ止ルニ木国一、僧顕曰、木国ハ今ノ紀伊、神名式ニ載ス紀伊国名草郡伊太祁曾神社、合ニ祀ニ女。一」

(113) 『日本外史』巻一、源氏前記　平氏条。

(114) 『日本政記』巻之一、一三頁。

(115) 『日本書紀』巻第一〇、応神天皇七年秋七月条。

(116) 『日本政記』巻之一、一六頁参照。

(117) 雨森芳洲『たはれ草』四三頁（新日本古典文学大系九九『仁斎日札　たはれ草　不盡言　無可有郷』、岩波書店、二〇〇〇年）
(118) 同上書、四七頁。
(119) 同上書、同条。
(120) 岡田武彦『山崎闇斎と李退渓』（『岡田武彦全集』二二、明徳出版社　二〇一一年）。
(121) 市来津由彦「山崎闇斎『大和小学』考――中国新儒教の日本的展開管見――」（東北大学大学院国際文化研究科論集　創刊号、一九九四年）参照。
(122) 佐藤直方『韞蔵録』巻一四『華夷論断』条参照。
(123) 原公道、大町桂月訳『先哲叢談』第一五　山崎闇斎（至誠堂、学生文庫、第一三、一九一一年）条参照。
(124) 山崎闇斎『垂加草』第一〇、「洪範全書序」参照。
(125) 高橋美由紀『神道思想史研究』（ぺりかん社、二〇一三年）第一節、思想史の立場から見た中世神道、おわりに条参照。
(126) 松本丘『垂加神道の人々と日本書紀』（弘文堂、二〇〇八年）第二編　垂加神道と『日本書紀』一四九～一五〇頁参照。
(127) 「毎日新報」一九三七年三月一一日号、同一二日号「内地版東国通鑑の序文に就いて」条。
(128) 『稿本国史眼』巻之一、第一紀、第一章、二頁。
(129) 同上書、巻之一、第三紀、第九章、一六頁。『新撰姓氏録』には、次の氏族が後裔として記載されている。「右京皇別　新良貴―彦波瀲武鸕鷀草葺不合尊の男の稲飯命の後。続けて「是出於新良国。即為国主。稲飯命出於新羅国王者祖合」と記述していて、稲飯命は新羅王の祖であるとしている。
(130) 同上書、巻之一、第一紀、第四章、七頁、海外交通条参照。
(131) 同上書、巻之一、第三紀、第九章、一六頁参照。

第三章　日本の朝鮮史概説書にみえる始祖記述について

緒　言

徳川家康は秀吉の朝鮮侵攻とは無関係であるとして朝鮮国との国交を回復したので、積極的に戦乱の記録を残そうとはせず、逆に関連する印刷物の堀正意『朝鮮征伐記』、小瀬甫庵『太閤記』、竹内確斎『絵本太閤記』などが発行停止処分になったが、その後戦役を美化した夥しい数の軍記物が発行されたり、一七一九年には近松門左衛門の『本朝三国志』や紀海音の『神功皇后三韓責』などの人形浄瑠璃などが上演されたりしたことについてはすでに報告されたことがある(1)。

そうした状況のなかで、朝鮮半島の歴史を文献資料に基づいて記述しようとした知識人がいたことも事実で、その作品として最初に『和漢三才図会』（寺島良安編纂、一七一三年刊）をあげることができる。それに掲載されている朝鮮国の歴史に関する記述は主として『東國通鑑』(2)の記述と酷似しているので、『和漢三才図会』の編者寺島良安はそれを利用したものと思われる。その内容は当時の日本人に朝鮮半島の歴史理解を深める役割を果たしたと考える。

その後一五〇年間、朝鮮半島の歴史に関して新たに記述した文献はないようであるが、日本人によって編纂された最初の朝鮮半島の歴史概説書であると思われる歴史概説書としては『菅原龍吉編集啓蒙朝鮮史略』[3]及びその一七年後に出版された林泰輔著の『朝鮮史（太古史・上古史・中古史）』[4]がある。いずれも明治時代にはいって以後の出版物であるが、『菅原龍吉編集啓蒙朝鮮史略』に序文を付した川田剛は、「かつて『三国史記』・『東国通鑑』・『朝鮮史略』・『東国史略』・『東史纂要』・『歴代要略』・『東国与地勝覧』・『海東名臣録』・『懲毖録』・『隠峰野史別録』を試読したことがある」と述べているので、当時の日本の学者たちのあいだにはそうした史書が基礎的資料として読まれていたものと考えられる。

ところで『啓蒙朝鮮史略』は、朝鮮時代の成宗代（一四七〇〜一四九四）に刊行された『東国史略』（権近等が王命を受けて編纂し、一四〇三年に完成、六巻六冊）をほぼ転載したもので、高麗末までを記述している。引用した原本の『東国史略』は一六一七（万暦四五）年に中国で『朝鮮史略』という書名を付して刊行されたものが、後に日本に入り、（年代は不詳）『官版　朝鮮史略』という中国で付された同じ書名で、一八二二年（六巻六冊、文政五年、出雲寺万次郎）に原書の『東国』を『朝鮮』と変更して和刻本として刊行された書物であると思われる。和刻版ではあるが、本文は漢文で記述されているものに訓点を付して読み下したもので、しかも疑問に思われる漢字については欄外に校正を加えている。文中の割り註の部分に日本の歴代天皇の年代を挿入しているが、現在の歴史年表と比較すると年号のずれているものがある。ところで、韓国・朝鮮の始祖伝説として現在もなお本国で広く膾炙している「檀君」に関する記述がこの『啓蒙朝鮮史略』では原書の『東国史略』と比較して大きく相違している部分がある。著者の菅原龍吉がなぜ原書の内容に大幅に追加して記述したのかという疑問を抱いたところから検討を加え、その後に林泰輔が編纂した『朝鮮史』ではどのように変化しているかについて考察するとともに、それまでの日本における始祖檀君に関連する伝承について考察してみる。

一、日本の朝鮮史概説書にみえる始祖伝説記述

（一）『啓蒙朝鮮史略』

菅原龍吉編集の『啓蒙朝鮮史略』では、『東国史略』をほぼ転載したものであると指摘したが、「檀君」条においては『東国史略』と『東国通鑑』に記述されていない内容が追加されており、それはつぎのような記述である。

「檀君」姓ハ桓氏名ハ王険　……時ニ神人「桓因」ノ子「桓雄」トイフ者アリ其ノ徒三千ヲ率テ太白山（平安道寧邊府ニアリ今ノ妙香山）神檀樹ノ下ニ降レリ人之ヲ神市ト謂フ世ニ在リテ政ヲ理シ化テ施ス子ヲ生ミ号テ「檀君」ト曰フ非西岬ノ河伯ノ女ヲ娶テ子ヲ生ム名ヲ「扶婁」ト曰ヘリ丁巳ノ歳（夏ノ禹王元年）「禹」南方ニ巡狩シテ諸侯ヲ塗山ニ會ス「扶婁」焉《コレ》ニ朝セリ」塹城壇ヲ海島中ニ築キ以テ天ヲ祭ル又三子ニ命テ城ヲ築カシム（今倶ニ江華府ニ在リ）杢《しょう》壌（江東縣ニ在リ）ニ葬ル後嗣箕子ヲ避テ都ヲ蔵東京（文化県ニ在リ）ニ移ス世ヲ傳フルコト凡テ一千五百年。(5)

『東国史略』と『東国通鑑』の両書の「檀君」記述の全体の二分の一以上を追加している。

編集者の菅原龍吉は『和漢三才図会』、『東国通鑑』などの存在を知っていたかどうか、なぜ『東國史略』を全面的に引用したのかについては資料の提示がないので、定かではない。

このように、朝鮮時代初期に刊行された『東国史略』及び『東国通鑑』の「檀君」記述では、両書が編纂された時点で、檀君の始祖伝説の史実については疑問が抱かれていて、簡単な記述にとどめており、とくに『東国通鑑』では始祖の檀君については「外紀」として扱って記述し、檀君朝鮮にたいする疑問点を提示している事実について、菅原

龍吉が知っていたかどうかについては判然としない。もしも如上の両書を読んだうえで、「檀君」について記述したのであれば、逆になぜ追加したのかという論拠について考察しなくてはならないと考える。

その方法として「檀君」についてはじめて記述されている高麗時代及び朝鮮時代に刊行された史書に「檀君」がどのように扱われていたかについて紹介し、考察をすすめてみる。既発表の論考も多いが、その論拠となる史書の原本の記述を用いて検討する。

高麗時代に正史として編纂・刊行された『三国史記』（金富軾名で一一四五年に刊行。編纂は一一四一年からはじまる）には「檀君朝鮮」の記述はみられない。「檀君」について記述しているのは高麗時代に編纂・刊行された『三国遺事』（釈一然著、一二八〇年頃に刊行された）及び『帝王韻紀』（李承休著、一三六〇年刊）である。両書の記述内容はつぎのようである。

『三国遺事』（紀異篇　第一、古朝鮮（王倹朝鮮））

魏書云。乃往二千載。有壇君王倹。立阿斯達（経云無葉山　亦云白岳　在白州地　或云在開城東　今白岳宮是）開国号朝鮮。与高同時。古記云。昔有桓因（謂帝釈也）庶子桓雄。数意天下。貪求人世。父知子意。下視三危太伯可以弘益人間。乃授天符印三箇。遣往理之。雄率徒三千。降於太伯山頂（即太伯今妙香山）神檀樹下。謂之神市。是謂桓雄天王也。将風伯雨師雲師。而主穀主命主病主刑主善悪。凡主人間三百六十余事。在世理化。時有一熊一虎。同穴而居。常祈于神。雄願化為人。時神遺霊艾一炷・蒜二十枚　曰。爾輩食之。不見日光百日。便得人形。熊虎得而食之。忌三七日。熊得女身。虎不能忌。而不得人身。熊女者無与為婚。故毎於壇樹下呪願有孕。雄乃假化而婚之。孕生子。号曰壇君王儉。以唐高即位五十年庚寅（唐堯即位元年戊辰　則五十年丁巳　非庚寅也　疑其未実）都平壌城（今西京）。始称朝鮮。又移都於白岳山阿斯達。又名弓（一作方）忽山。又今彌達。御国一千五百年。周虎王即位己卯。封箕子於朝鮮　壇君乃移於蔵唐京。後還隠於阿斯達。為山神。寿一千九百八歳。（以下は京都大学本にみえる文）唐裴矩伝云高麗本孤竹国今海州。周以封箕子為朝鮮。漢分置三郡謂玄菟楽浪帯方北帯方通典亦同此説漢書則真臨楽玄四郡今云三郡名又不同何耶

『帝王韻紀』（巻下、東国君王開国年代、并序）

初誰開国啓風雲、釈帝之孫、名檀君本紀曰上帝桓因有庶子曰雄云々謂曰下至三危太白弘益人間歟故雄受天符印三箇率鬼三千而降太白山頂神檀樹下是謂檀雄天王也云々令孫女飲薬成人身与檀樹神婚而生男名檀君拠朝鮮之域為王故尸羅高礼南北沃沮東北扶餘穢与貊皆檀君之寿也理一千三十八阿　斯達山為山神不死也並与帝高興戊辰、経虞歴夏居中宸、於殷帍丁八乙未、阿斯達山為山神今九月山也一名弓忽又名三危祠堂猶存享国一千二十八、無奈変化伝、桓因却後一百六十四仁人聊復開君臣一作爾後一作爾後一百六十四雖有父子無君臣

上記の『啓蒙朝鮮史略』にみえる

姓ハ桓氏名ハ王険……時ニ神人「桓因」ノ子「桓雄」トイフ者アリ其ノ徒三千ヲ率テ太白山平安道寧邊府ニアリ今ノ妙香山神檀樹ノ下ニ降レリ人之ヲ神市ト謂フ世ニ在リテ政ヲ理シ化テ施ス子ヲ生ミ号テ「檀君」ト曰フ

と記述された部分は、『三国遺事』から引用したかと思われるが、「名ハ王険」とある「王険」という名称は、「臣瓚云　王険城在楽浪郡浿（浿）水之東」と『史記』（巻第一一五、朝鮮列伝第五五）にも登場する語で、思想史的にも疑問を持たれている名称である。

朝鮮王朝時代にはいり、「檀君」について記述された史書には『三国史節要』（盧思愼・徐居正などが王命を受けて編纂、一四七六年に完成、檀君から三国時代末までを記述した編年体史書、一四巻。徐居世の序文には一五巻とあるので、巻首に外紀として檀君朝鮮～三韓時代史を別巻として付していたのではないかとの説がある）及び『高麗史』（一四五一年刊。高麗時代の歴史を紀伝体に叙述。金宗瑞・鄭麟趾撰）がある。それらの史書に記述されている内容をみれば、『三国史節要』では、

檀君朝鮮
東方ニ有リ二畎夷方夷干夷黄夷白夷赤夷玄夷風夷陽夷等ノ九種一而初メ無シ二君長一有リレ神人降ル二檀木ノ下ニ一国人立テ爲スレ君ト国ヲ
号ス二朝鮮ト一時ニ唐堯戊辰ノ歳也《ナリ》初メ都ス二平壌ニ一後徙ス二都ヲ白岳ニ一是ヲレ為トレ檀君ト至テ二商ノ武丁八年乙未ニ檀君入テ二阿斯達山ニ一為《ナ》ルレ山
神ト

と記述されており、『高麗史』では、巻五八、志、巻第一二、地理、三、西京留守官平壌府条に、

○本三朝鮮旧都、唐堯戊辰歳、神人降于檀木之下、国人立為君、都平壌、号檀君、是前朝鮮。周武王克賞、風機構朝鮮、古後朝鮮。太四十一台尊順次、有燕仁守三、亡命聚黨千余人、来奪準地、都于王険城【険一作倹、即平壌】、是為衛満朝鮮。其孫右渠、不肯奉詔、漢武帝元封二年、遣将討之、定為四郡、以王険為楽浪郡、……以下略。

と記述している。（【】内の記述は割註。）ついで

非西岬ノ河伯ノ女ヲ娶テ子ヲ生ム名ヲ「扶婁」ト曰ヘリ丁巳ノ歳夏ノ禹王元年「禹」南方ニ巡狩シ諸侯ヲ塗山ニ会ス
「扶婁」焉《コレ》ニ朝セリ

までの記述は、『帝王韻紀』及びそれ以外の史書にも記述されていない内容であるが、朝鮮王朝実録『世宗実録』（世宗の即位年から逝去するまでの一四一八年から一四五〇年までを記述）巻第一五四、地理志、平安道、平壌府条に、檀君に関する記述があり、それをみれば、

檀君古記云、上帝桓因有庶子、名雄、意欲下化人間、受天三符印、降太白山神檀樹下、是是為檀雄天王、令孫女飲薬成人身、与檀樹神婚而生男、名檀君、立国号朝鮮、朝鮮、尸羅、高礼、南北沃沮、東北扶余、濊与貊、皆檀君之理、檀君聘非西岬之女生子、曰夫婁、是謂東扶余王、檀君与唐堯同日而立、至禹会塗山、遣太子夫婁朝焉、

享国一千三十八年、至殷武丁八年乙未、入阿斯達為神、今文化県九月山、……

とあるので、この記事と符合することがわかる。菅原隆吉が『世宗実録』地理志を閲覧することは不可能であったと思われるので、他の文献から引用したものと考えられるが、「檀君古記」に記載されている記事にもとづく記事であるから「檀君古記」を閲覧したのであろうか。

つぎに「塹城壇ヲ海島中ニ築キ以テ天ヲ祭ル又三子ニ命テ城ヲ築カシム今倶ニ江華府ニ在リ」と記述した文章については『高麗史』及び朝鮮王朝の『世宗実録』に記述されている。それらの原文を挙げればつぎのようになる。（【】内の記述は割註。）

『高麗史』（巻五六、志、巻第一〇、地理、揚広道）

○本高句麗穴口郡【一云甲比古次】在海中、直貞州之西南、通津県之西、新羅景徳改為海口郡、高麗初、更今名、顕宗九年、置県令、高宗十九年、避蒙古兵入都、陞為郡、豪江都、三十七年、知久中条、集会二千九百六十甘件、元宗元年、巻末都【府東利松嶽里、有故宮基】、忠烈王時、併于仁州、尋復旧、辛禑三年、陞為府、有摩利山【在府南、山頂有塹星壇、世伝、檀君祭天壇】、伝灯山【一名三郎城、世伝、檀君使三子、築之】、有仇音島・巴音島・今音北島・買仍島、属県三、

朝鮮王朝実録『世宗実録』（地理志、京畿、富平都護府、江華都護府）

◎江華　都護府、本高句麗穴口郡、新羅改為海口郡、高麗改為江華県。顕宗戊午、置県令。高宗十九年壬辰、【宋理宗紹定五年】避蒙古兵入都、陞為江華郡、号江都。元宗元年、【元世祖中統元年】復還松都。【今府東十里

松嶽里、有古宮基。】洪武丁巳、陞為府。本朝太宗癸巳、例改爲都護府、属県二。鎮江県、本高句麗首知県、新羅改名守鎮。河陰県、本高句麗冬音奈県、新羅改名沍陰、皆為海口郡領県、高麗改今名、仍属江華任内。鎮山、高麗摩利山、【在府南、山頂有塹星壇、壘石築之、壇高十尺、上方下円。壇上四面、各六尺六寸、下広各十五尺。世伝朝鮮檀君祭天石壇、山麓有斉宮。旧例、毎春秋遣代言設醮、今上十二年庚戌、始遣二品以上。斉宮壁上、有東字韻詩。太宗潜龍、嘗為代言、斉宿于此、次韻、今刻于板上、以金塡之。】伝灯山。【一名三郎城、在塹城之東。世伝朝鮮檀君使三子築之】

『高麗史』（巻二四　世家　巻第二四　高宗　四六年四月）

○命営仮闕於三郎城及神泥洞。

『高麗史』（巻五八　志　巻第一二　地理　三　西海道）

○本高句麗闕口。高麗初、改今名。顕宗九年、来属。睿宗元年、置監務。高宗四十六年、以衛社功臣成均大司成柳璥内郷、陞為文化県令官。別号始寧【成廟所定】。有九月山【世伝、阿斯達山】・庄庄坪【世伝、檀君所都、即唐荘京之訛】・三聖祠【有檀因・檀雄・檀君祠】

『与地図書』（一七六〇年頃、江都府誌　江都　古蹟）

○塹城壇在摩尼山頂、纍石築之、高十尺、上方下円、四面各七尺六寸、下円各十五尺、東面層階二十一級、世伝檀君所築、祭天子其壇云、本朝因前朝之旧事、醮星于此壇、壇下生非菜、初登壇上、眼界忽白、俯臨滄溟、遠望湖嶺、蓋島中名区、第一古蹟也。

とあり、江華島の摩尼山の頂上に石を積み重ねて高さ十尺、上部は方形で四面六尺六寸、下部は円形で一五尺の祭壇が築かれている。檀君がそれを築きその壇で天子をまつったという。また三郎城は伝灯山のことで檀君が塹城壇の東側に三人の子供に築かせたとされるという伝承が記述されている。

つぎに「厺壌江東縣ニ在リに葬ル後嗣箕子ヲ避テ都ヲ蔵東京文化県ニ在リニ移ス世ヲ伝フルコト凡テ一千五百年」の部分は、その出典は、王朝実録『世宗実録』巻四七及び『新増東国与地勝覧』にみられる。その原文を挙げればつぎのようである。

朝鮮王朝実録『世宗実録』（巻一五四、地理志、平安道、平壌府）

檀君祠在箕子祠南。【今上十一年己酉、始置、与高麗始祖東明王合祠。檀君在西、東明在東、皆南向。毎春秋、降香祝致祭。】東明王墓在府巽方三十里許中和境龍山。【皆以画班石営壙、世云真珠墓、李承休記東明王事跡曰、乗天不復回雲軿、葬遺玉篇成墳塋。即此也。又仁理坊有祠宇、高麗以時降御押行祭、朔望亦令其官行祭、邑人至今有事輒禱、古老伝云、東明聖帝之祠也。】乙密台、即錦繡山頂、平坦敞豁、台下層岸之上、有樓曰浮碧、観覧之状、不可勝記。旁有永明寺、即東明王九梯宮、内有養麒麟堀、後人立石誌之。

朝鮮王朝実録『世宗実録』（巻一五四、地理志、平安道、成川）

……本沸流王松壌之故都、……

と記述されていて、平壌府に檀君祠が設置されたのは世宗一一年のことで、高句麗の始祖東明王と合祀していると記述し、檀君の墓があるとは記述していない。また成川条には、「もと沸流王の松壌の故都」とのみ記載されている。

『新増東国与地勝覧』（巻五五　江東県）

江東県東至成川府界五里北至同府界三十二里…（以下略）

【郡名】松壌

【古跡】大塚の割注に、

一在西三里周四百十尺、諺伝檀君墓、一在県北三十里刀𠂇山、諺伝古皇帝墓

『高麗史』（巻五八、志、巻第一二　地理　三、西海道）

庄庄坪【世伝、檀君所都、即唐荘京之訛】

以上の資料のうち、上記した川田剛の列記した朝鮮半島の史書のなかに『東国与地勝覧』を試読する機会があったという記述があるので、菅原龍吉は日本でこの『東国与地勝覧』をみる機会があり、それを引用したとも考えられる。また「唐蔵京」は『高麗史』に「唐荘京」が訛って「庄庄坪」と呼ばれていると記述しているので、菅原龍吉の「檀君」に関する記述内容は『東国史略』の簡単な檀君記述に疑問を抱き、檀君に関して記述した諸文献を入念に調査して、それにもとづき追加して記述したものであると推測することができる。その意味では多大な労苦を費やしたと思われる。

（二）『朝鮮史（太古史・上古史・中古史）』(6)

つぎに『朝鮮史』の記述内容をみれば、林泰輔は菅原龍吉のように『東国史略』を転載するような著述方式は取ら

ず、太古史、上古史、中古史と時代区分を設定して記述しており、大きな相違をみせている。それをみると、

朝鮮開国ノ起原ハ尤茫邈タリ。相伝フ。初君長ナシ。神人アリ。檀木ノ下ニ降ル。」国人立テテ君トス。是ヲ檀君ト云フ。国ヲ朝鮮ト号シ。平壌平安道平壌府。ニ都ス。支那唐堯ノ時ニ当ル。其後千四十八年ヲ歴テ。商ノ武丁八年ニ至リテ。阿斯達山黄海道文化県九月山ニ入テ神トナルト。其説荒唐ニシテ遽ニ信ズベカラズ。然レドモ大約我紀元前五六百年頃。即商ノ末ニ当リテ。其北部平安道ノ地ニハ。人民既ニ住居セシモノナルベシ。(7)

と述べて、檀君について若干言及しながらも、この朝鮮開国の起源説については荒唐無稽であり、にわかに信じることはできないとしている。ところが『東国史略』には記述されていないにもかかわらず、『東国史略』に記述されているかのように引用して追加している部分がある。その部分は割注にして記述されているが、それによれば

東国史略ニ。檀君姓ハ桓氏。名ハ王険。初神人桓因ノ子桓雄アリ。徒三千ヲ率ヰテ。太伯山（平安道妙香山）神壇樹ノ下ニ降ル。之ヲ神市在世理ト云フ。子ヲ化生ス。号シテ檀君ト曰フ。非西岬河伯ノ女ヲ娶リ。子ヲ生ム。扶婁ト曰フ。禹ノ南ニ巡狩シ諸侯ヲ塗山ニ会スルトキ。扶婁ヲ遣シテ朝セシム。其薨ズルヤ松壌（平安道成川府）ニ葬ル。世ヲ伝フルコト。凡一千五百年ト云ヘリ。故ニ或人曰ク。桓ハ神《カム》ナリ。桓因ハ神伊弉諾ノ略。桓雄ハ神須佐之男ノ略。神市在世理ノ市在ハ須佐ニテ。即須佐之男ナルベシ。檀君ハ太祈《タキ》ニテ。素戔嗚尊ノ子五十猛神ナリ。蓋素戔嗚尊。其子五十猛神ヲ帥ヰテ。新羅国ニ到リ曾尸茂梨ニ居リシコト。我国史ニ見エ。又五十猛神。一名ヲ韓神ト云ヒタレバ。事実大略符合セリト。此説亦牽強ニ近シ。姑ク附シテ参考ニ供ス。

と記述して、或る人の言として、桓因は伊弉諾尊、桓雄は素戔嗚尊、檀君は素戔嗚尊の子の五十猛神にあてて、素戔嗚尊はその子五十猛神を率いて新羅の曾尸茂梨に至ったとする。当時の日本人の朝鮮史理解を明らかにしている。しかし林泰輔は「この説亦牽強に近し」として、「檀君」は「素戔嗚尊の子の五十猛神である」という説をこじつけで

あると考えていた。

檀君を太祈として、素戔嗚尊の子の五十猛神にあて、素戔嗚尊が五十猛神を率いて曾氏戸茂梨に居たことがあるとする国史をあてはめようとしたのは、林春斎（林叟）が、和刻版『新刊　東国通鑑』の序文においてつぎのように述べているのが江戸時代の論議のはじまりであると今西龍は指摘する。(8)

我カ国史ヲ言ヘバカ之則チ韓郷《カラノ》之島新羅《シラキ》之国亦是レ素盞烏尊《ソサノオノミコトノ》之所レロナリ経歴スル也　尊《ミコトノ》之雄偉非三ザルトキハ朴赫朱蒙温祚ガ可二キニ企テ
及一ブ則チ推テ為《セシモ》二三韓之一祖一トシ亦タ不レ為レ誣タリトカ乎

今西龍はまた「素戔嗚と檀君とを同一なりとするは後世の対馬人が唱説せしものの如し」とし、享保元年（一八〇一）に成った伴蒿蹊の『閑田耕筆』（伴蒿蹊著、巻之二）にみえる記事を引用して「徳川時代末期の排仏の時勢に祇園神社の祠人に此の説を出すに至らした」とする。そして祇園の祠人紀繁継の友人に国学者松浦道輔が牛頭は曾戸茂梨であることを発見したので、紀繁継は松浦氏の説にもとづき『八坂社旧記集録』を撰し、発表したことを紹介している。(9)それで八坂神社ではソシモリは韓国の牛頭山に比定する。さらに一八七〇年に出版された『八坂社旧記集録』に記述された「八坂郷鎮座大神之記」にはつぎのように記述していると述べる。

八坂郷鎮座大神之記

斉明天皇即位二年丙辰八月韓国の調進副使　伊利之使主　再来の時新羅国牛頭山座須之雄尊の神御魂斉祭来而皇国祭始、依之愛宕郡賜八坂郷並造の姓、十二年後　天地天皇御宇六年丁　社号為す威神院宮殿全造営而牛頭山坐之大神牛頭天王奉称祭祀畢淳和天皇御宇天長六年右衛門督紀朝臣百継尓感神院祀官並八坂造之業賜為受続　奉斉御神名記　神須佐乃男尊　　中央座(10)

ここでは新羅国牛頭山とある。素戔嗚尊が新羅茂梨（ソシモリ＝慶州）という地に高天原から降臨したとの記述があるが、「ソシモリ」は「ソシマリ」「ソモリ」ともいう韓国語で、牛頭または牛首を意味している。このことから、八坂神社では大韓民国江原道の春川にある牛頭山だとする。春川は三国時代には新羅ではなく、高句麗の領土であった。そして、

……中略、蓋檀君は素戔嗚尊の御事にして、此尊初韓国楽浪の牛頭山の檀木の下に天降給ひしに因て彼国にては檀君といひ、世々是神尊を敬ひ奉り、唐山にても昔より其聞え高かりし御神なるを又韓国に降到給ひし事、日本書紀神代巻に苻契密合せる事云も更なり。……（以下略）(11)。

と述べて、松浦説が流布するに至ったとする。さらにその論拠は『日本書紀』の神代の巻にみえる記述であると今西龍は指摘する。それを列記すれば、

一書に曰はく、素戔嗚尊の所行無　状《しわざあづきなし》。故《かれ》、諸　神《もろもろのかみたち》科《おほ》するに千座置戸《ちくらおきと》を以てし、遂に逐《やら》ふ。是《こ》の時に、素戔嗚尊、其の子《みこ》五十《い》猛　神《たけるのかみ》を帥《ひき》いて、新羅國《しらぎのくに》に降到《あまくだ》りまして、曾尸茂梨《そしもり》の処《ところ》に居《お》します。乃ち興言《ことあげ》して曰《のたま》はく、「此の地《くに》は吾《われ》居《を》らまく欲《ほり》せじ」とのたまひて、遂に埴土《はに》を以て舟に作りて、乗りて　東《ひむがしのかた》に渡《わた》りて　出雲国《いずものくに》の簸《ひ》の川上《かはかみ》に所在《あ》る　鳥上《とりかみ》の峯《たけ》に到る。(12)

新羅の曽尸茂梨に天降り、素戔嗚尊が「この地吾居ること欲さず」と言ったので、一緒に埴土船で渡って出雲斐伊川上の鳥上峯に至ったとある。

さらに同段第五に、

一書《あるふみ》に曰はく、素戔嗚尊曰、「韓郷《からくに》の嶋には、是金　銀《これこがねしろかね》有り。若使《たとひ》吾が児の所御《しらす》国に、浮宝《うきたから》有らずは、未だ佳《よ》からじ。

とあり、いずれの一書でも、今は紀伊に祀られているとしている。なお出雲の伝説では素戔嗚尊らの上陸地点は出雲

国に近い石見国・五十猛の海岸であるといわれ、ここから出雲国へと向かったとされている記述を挙げている。また『先代旧事本紀』の記述は『日本書紀』の記述とほぼ同様である。

素戔烏尊率其子五十猛神 降到於新羅曾尸茂梨之処矣 曾尸茂梨之処 纂疏新羅之地名也 按倭名鈔高麗楽曲有蘇志摩利 疑其地風俗之歌曲乎 乃興言曰 此地吾不欲居 遂以埴土作船 乗之東渡 到于出雲国簸之河上与安芸国可愛之河上所在鳥上峰矣（ヤマタノオロチ退治省略）素戔烏尊居熊成峰而遂入於根国矣 兒 五十猛神天降之時 多将八十樹種須噉子樹種而不殖韓地 尽以持帰 遂始自筑紫 於大八洲之内 莫不殖播而成青山矣 所謂五十猛命 為有功之神則紀伊国所坐大神是也 一説曰 素戔烏尊之子 号曰 五十猛命 妹 大屋姫命 次 抓津姫命 凡三神 亦能分布八十木種 則奉渡於紀伊国 及此国所祭之神是也素戔烏尊 此尊與天照太神共誓約（中略）次 五十猛命 亦云 大屋彦神次 大屋姫神 次 抓津姫神 已上三柱 並坐 紀伊国 則紀伊国造齋祠神也(13)

そして

非西岬河伯ノ女ヲ娶リ。子ヲ生ム。扶婁ト曰フ。禹ノ南ニ巡狩シ諸侯ヲ塗山ニ会スルトキ。扶婁ヲ遣シテ朝セシム。其薨ズルヤ松壌（平安道成川府）ニ葬ル。

の記事は、後述するように、当時の時期にはみられない記述であるから、菅原龍吉の『啓蒙朝鮮史略』の内容をそのまま踏襲したのではないかと思われる。

二、『啓蒙朝鮮史略』・『朝鮮史（太古史・上古史・中古史）』の高句麗の始祖記述

『啓蒙朝鮮史略』では、高句麗についてつぎのように記述している。

高句麗ノ始祖「朱蒙」立ツ我ガ崇神天皇ノ六十一年〇漢ノ建昭二年〇新羅ノ始祖二十一年是ヨリ先キ東扶余王「金蛙」扶余王「解夫婁」老テ子ナシ嗣ヲ求メ山川ヲ祭ルニ御スル所ノ馬鯤淵ニ至リ大石ノ相対スルヲ見テ涙石ニ転ズ小児アリ出ズ金色ニシテ蛙形ナリ喜テ之養ヒ名ケテ金蛙ト云フ長スルニ及テ太子トナス河伯ノ女柳花ヲ太白山ノ南優渤水今ノ寧邊府ニアリニ得テ室中ニ幽ス日影ニ炤《テラサ》レテ娠ミ一卵ヲ生メリ「蛙」之ヲ剖ント欲テ能ハス母之ヲ裹《ツツ》ミテ暖ナル処ニ置キシニ男子アリ殻ヲ破リテ出ツ骨表英偉ナリ七歳ニシテ自ラ弓矢ヲ作リ発スルニ中ラサルナシ名ケテ「朱蒙」ト云フ扶余ノ俗善ク射ル者ヲ云テ朱蒙トナス……扶余王男子ナシ「朱蒙」ニ妻スニ女ヲ以シ「沸流」及ビ「温祚」ヲ生ム既ニメ「王」薨ス「朱蒙」乃チ嗣立シ自ラ「商辛」ノ後ト称シ国ヲ高句麗ト号ス……

高句麗王ノ母柳花東扶余ニ卒ス……高句麗王「朱蒙」薨ス東明王ト号ス太子「類利」立ツ都ヲ国内ニ移ス……[14]

『朝鮮史』（林泰輔撰）ではつぎのように記述している。

新羅赫居世ノ立チシヨリ後二十一年我紀元六百二十四年。ニシテ。高句麗ノ始祖朱蒙立ツ。高句麗ハ即古朝鮮ノ地ナリ。其北ニ国アリ。扶余ト云フ。扶余王金蛙ノ子。骨表奇偉。甫メテ七歳ニシテ。自ラ弓矢ヲ作リテ之ヲ射ルニ。発シテ中ラザルナシ。扶餘ノ俗。善ク射ルヲ謂イテ朱蒙トフ。故ニ之ニ名ヅク。朱蒙。又鄒牟ト書ス。兄弟其材能を忌ミテ。之ヲ殺サントス。朱蒙禍ヲ恐レテ東南ニ走リ。卒本扶余平安道成川府。或云。卒本扶余ハ。今ノ朝鮮ノ地ニ非ズシテ。鴨緑江ノ西にアルベシト。卒本又忽本ニ作ル。ニ至リ、沸流水上ニ都を定メ。国ヲ高句麗ト号シ。高ヲ以テ氏トス。……（以下略）[15]

とあり、高句麗の始祖である朱蒙は扶婁の子になっている。またつぎの記事にみえるように、朱蒙は檀君の子であるという記事がみえる。こうして檀君は高句麗の始祖として後代に繋がっていくことになっている。

檀君と扶婁は異母兄弟とあるから、始祖伝説は高句麗と百済につながっていると考えられる。ちなみに『三国遺事』のなかで、京都大学本[16]に収録されていて、東京大学本[17]にない記述は次の記事である。

王暦第一　高麗

第一東明《キコ》《トレ》王　甲申立。理十九年□。姓ハ高。名ハ朱蒙。一ニ作フ二鄒蒙一トモ。壇君之子。

王暦第一　百済

第一温祚王　東明第三子圭　第二美鄒　立在位四十五。都慰礼城。一云蚫川今稷山。

紀異巻第一　高句麗条

壇君記云。君與西河河伯女要親。有産子。名曰夫婁。今按此記。則解慕漱私河伯之女。而後産朱蒙。壇君記云。産子名曰夫婁。夫婁与異母兄弟也。

唐裴矩伝云。高麗本孤竹国今海州。周以封箕子為朝鮮。漢分置三郡。謂玄菟楽浪帯方北帯方。通典亦同此説漢書則真臨楽玄四郡今云三郡名又不。同何耶

「壇君記に云……」の記事は『東国史略』の高句麗の建国に関する記述と『三国史記』高句麗紀の東明王出生談の記述と同様であるから、『三国史記』から引用したと考えられるが、菅原龍吉がこの『三国遺事』の内容をみて記述したとすれば、日本にいながら京都大学本と同じ『三国遺事』を読む機会があった（今西龍の入手したものとは別の書が存在した可能性がある）と考えられる。そしてその『三国史記』と『三国遺事』の記述と高句麗に関する記述とを勘案して「柳花」という女性に関する記述を展開したのかもしれない。

日本で閲覧出来る機会はなかったと思われるが、後代の朝鮮王朝実録の『世宗実録』（世宗の即位年から逝去するまでの一四一八年から一四五〇年までを記述）地理志につぎのような記述がみられる。

檀君古記云、上帝桓因有庶子、名雄、意欲下化人間、受天三符印、降太白山神檀樹下、是是為檀雄天王、令孫女飲薬成人身、与檀樹神婚而生男、名檀君、立国号朝鮮、朝鮮・尸羅・高礼・南北沃沮、東北扶余、濊与貊、皆檀君之理、檀君聘非西岬之女生子、曰夫婁、是謂東扶余王、檀君与唐堯同日而立、至禹会塗山、遣太子夫婁朝焉、享国一千三十八年、至殷武丁八年乙未、入阿斯達為神、今文化県九月山、……[18]

しかし高句麗好太王碑（四一四、長寿王が父の業績を讃えて建立）の高句麗に関連する碑文には、

惟昔始祖鄒牟王之創基也、出自北扶余、天帝之子、母河伯女郎、剖卵降出生子、有聖□□□□□□……[19]

とあるのみで、「檀君」の名はみえない。「檀君」またはそれに類するような人物が実在したかどうかは難しい問題である。しかし、高句麗の始祖については、「鄒牟」が存在したこと、それは北扶余から出た人物で、天帝の子であり、母は河伯の女で卵を割いて生まれた子であるという伝説がすでにこの時点で語られていたことは間違いない。『三国史記』にみえる高句麗の始祖との関係を示す資料をつぎに提示してみる。

『三国史記』

始祖東明聖王、姓高氏、諱朱蒙一云鄒牟、一云衆解、先是、扶余王解夫婁、老無子、祭山川求嗣、御馬至鯤淵、見大石相対流涙、王怪之、使人転其石、有小児、金色蛙形蛙一作蝸、王喜曰、此乃天賚我令胤乎、乃収而養之、名曰金蛙、及其長、立為太子、後其相阿蘭弗曰、日者天降我曰、将使吾子孫、立国於此、汝其避之、東海之浜有地、号曰迦葉原、土壌膏腴、宜五穀、可都也、阿蘭弗遂勧王、移都於彼、国号東扶余、其旧都有人、不知所従来、自称天帝子解慕漱、来都焉、及解夫婁薨、金蛙嗣位、於是時、得女子於大白山南優渤水、問之曰、我是河伯之女、名柳花、与諸弟出遊、時有一男子、自言天帝子解慕漱、誘我於熊心山下、鴨渌辺室中私之、即往不返、父母責我無媒而従人、遂謫居優渤水、金蛙異之、幽閉於室中、為日所炤、引身避之、日影又逐而炤之、因而有孕、生一卵、大如五升許、

王棄之与犬豕、皆不食、又棄之路中、牛馬避之、後棄之野、鳥覆翼之、王欲剖之、不能破、遂還其母、以物裹之、置於暖処、有一男児、破殻而出、骨表英奇、年甫七歳、嶷然異常、自作弓矢射之、百発百中、扶余俗語、善射為朱蒙、故以名云、金蛙有七子、常与朱蒙遊戯、其伎能皆不及朱蒙、其長子帯素、言於王曰、朱蒙非人所生、其為人也勇、若不早図、恐有後患、請除之、王不聴、使之養馬、朱蒙知其駿者、而減食令痩、駑者善養令肥、王以肥者自乗、痩者給朱蒙、後猟于野、以朱蒙善射、与其矢小、而朱蒙殪獣甚多、王子及諸臣、又謀殺之、朱蒙母陰知之、告曰、国人将害汝、以汝才略、何往而不可、与其遅留而受辱、不若遠適以有為、朱蒙乃与烏伊・摩離・陝父等三人為友、行至淹滮水一名盖斯水、在今鴨緑東北、欲渡無梁、恐為追兵所迫、告水曰、我是天帝子、河伯外孫、今日逃走、追者垂及如何、於是、魚鼈浮出成橋、朱蒙得渡、魚鼈乃解、追騎不得渡、朱蒙行至毛屯谷魏書云至、音述水、遇三人、其一人着麻衣、一人着衲衣、一人着水藻衣、朱蒙問曰、子等何許人也、何姓何名乎、麻衣者曰、名再思、衲衣者曰、名武骨、水藻衣者曰、名黙居、而不言姓、朱蒙賜再思姓克氏、武骨仲室氏、黙居少室氏、乃告於衆曰、我方承景命、欲啓元基、而適遇此三賢、豈非天賜乎、遂揆其能、各任以事、与之倶至卒本川魏書云至、紇升骨城、観其土壌肥美、山河険固、遂欲都焉、而未遑作宮室、但結廬於沸流水上居之、国号高句麗、因以高為氏、一云、朱蒙至卒本扶余、王無子、見朱蒙、知非常人、以其女妻之、王薨、朱蒙嗣位、時朱蒙年二十二歳、是漢孝元帝建昭二年、新羅始祖赫居世二十一年甲申歳也、四方聞之、来附者衆、其地連靺鞨部落、恐侵盗為害、遂攘斥之、靺鞨畏服、不敢犯焉、王見沸流水中有菜葉逐流下、知有人在上流者、因以猟往尋、至沸流国、其国王松譲出見曰、寡人僻在海隅、未嘗得見君子、今日邂逅相遇、不亦幸乎、然不識吾子自何而来、答曰、我是天帝子、来都於某所、松譲曰、我累世為王、地小不足容両主、君立都曰浅、為我附庸可乎、王忿其言、因与之闘弁、亦相射以校芸、松譲不能抗。[20]

以上の記述と共通する文献としてやはり『世宗実録』巻第一五四、地理志、平安道、平壌条の記述がある。それを提示すれば次のようであるが、その内容は『三国史節要』巻第一〇「高句麗始祖朱蒙立……」の内容と同様であるところから『世宗実録』は『三国史節要』のつぎの記述を引用したと思われる。

夫婁無子、得金色蛙形児養之、名曰金蛙、立為太子。其相阿蘭弗曰、日者、天降于我曰、将使吾子孫立国於此、汝其避之。東海之浜有地、号迦葉原、土宜五穀、可都也。於是勸王移都。天帝遣太子、降遊扶余古都、号海慕漱、従天而下、乗五龍車、従者百余人、皆騎白鵠、彩雲浮於上、音楽動雲中。止熊心山、経十余日始下。首戴烏羽之冠、腰帯龍光剣。朝則聴事、暮則升天、世謂之天王郎也。城北青河伯有三女、長曰柳花、次曰萱花、季曰葦花、神姿艶麗。三女往遊熊心淵上、青河、即今鴨緑江。王謂左右、得而為妃、可有後胤。其女見王、即入水、左右曰、大王何不作宮殿、候女入室、当戸遮之、王以為然、以馬鞭画地銅室、俄成室、中設三席、置樽酒。其女相勧大酔、王出遮、女等驚走、柳花為王所止、河伯大怒、遣使告曰、汝是何人、留我女乎、王報云、我是天帝之子、今欲与河伯結婚。河伯又使告曰、汝若求婚、当使媒。今輒留我女、何其失礼乎。王慙之、将往見河伯、不能入室、欲放其女。女既与王定情、不肯離去、

上記のように考察を進めてきたが、高句麗の歴史については中国の史書にも記述されている。

『魏書』（五五四年）の列伝第八八　高句麗条に、

高句麗者、出於扶余、自言先祖朱蒙、朱蒙母河伯女、為扶余王閉於室中、為日所照、引身避之、日影又逐而有孕生一卵、……（以下略）

『梁書』（六二九年）列伝第四八、諸夷、高句麗伝に、

高句麗者、其先出自東明、東明本北夷索離王之子、……（以下略）

『周書』（六三六年）列伝第四一、異域上、高麗伝に、

高麗者、其先出於扶余、自言始祖曰朱蒙、河伯女感日影所孕也、……（以下略）

『隋書』（六三六年）列伝第四六、東夷条に、

高麗之先、出自扶余、扶余王嘗得河伯女、因閉於室内、為日光随而照之、感而遂孕、生一大卵、有一男子、破殻而出、名曰朱蒙、……（以下略）

『北史』（六五九年）列伝第八二　東夷伝、高麗条に、

高句麗、其先出扶余王、嘗得河伯女、因閉於室内、為日所照、引身避之、日影又逐、既而有孕、生一卵、……（以下略）

などと七世紀の中国の史書に朱蒙に関する記述がみえる。

三、『啓蒙朝鮮史略』・『朝鮮史（太古史・上古史・中古史）』の百済の始祖記述

『啓蒙朝鮮史略』には、百済について

百済ノ始祖「温祚」立ツ我ガ垂仁天皇ノ十二年○漢ノ鴻嘉三年○新羅ノ始祖四十年父高句麗王「朱蒙」東扶余ニ在ルトキ娶ル所ノ礼氏ノ女子「類利」立テ太子ト為ル「温祚」兄「沸流」ト相容レサルヲ恐レテ南ニ行ク「沸流」ハ弥鄒忽《ビスウコツ》今ノ仁川府「温祚」ハ河南ノ慰礼城今ノ稷山県ニ都シ国ヲ百済ト号ス初メ烏干等ノ十人行ニ従フヲ以テ十済ト号ス後チ百姓従フヲ楽ムヲ以テ百済ト改ム[21]

との記述があり、百済の始祖である「温祚」の父親は高句麗王の「朱蒙」であるとしており、百済王は高句麗王の子孫であると述べている。『東国史略』に記述されているからであるが、『東国通鑑』にもそれと同様の記述がみられる。

『東国通鑑』

【癸卯】漢鴻嘉三年新羅始祖四十年高句麗漢鴻嘉三年新羅始祖四十年高句麗瑠璃王二年百済始祖温祚王元年春百済ノ始祖高温祚立ツ、初メ朱蒙逃レテレ難ヲ至ル二卒本扶余一ニ、其王無シレ子、只有リ二三女一、見テ三朱蒙ノ非ル二常ノ人一ニ、以テ二第二女二妻スレ之レニ、未ダレ幾ナラ王薨ズ、朱蒙嗣デ生ム二二子一ヲ、長ヲ曰イ二沸流一ト、次ヲ曰フ二温祚一ト、及テ三類利ガ為タリ二太子一ニ、二人恐テ二為メニレ太子ノ不レ容ラレ遂ニ与二烏干馬黎等ラ十人一、南ニ行テ至リ二漢山一ニ、登テ二負児嶽一ニ、望ム二可ノレ居之地一ヲ、(22)

とあり、同様の記述は『三国史記』にみられるので、『東国通鑑』は『三国史記』の記述を引用したのであろう。

『三国史記』

百済始祖温祚王、其父鄒牟、或云朱蒙、自北扶余逃避、至卒本扶余、扶余王無子、只有三女子、見朱蒙、知非常人、以第二女妻之、未幾扶余王薨、朱蒙嗣位、生二子、長曰沸流、次曰温祚、或云、朱蒙到卒本娶越郡女。生二子……（以下略）(23)

また東京大学本の『三国遺事』では、

□史本記云、百済始祖温祚。其父鄒牟王。或云朱蒙。自北扶余逃難。至卒本扶余。州之王無子。只有三女。見朱蒙知非常人。以第二女妻之。未幾扶余州王薨。朱蒙嗣位。生二子長曰沸流。次曰温祚。恐為太子所不容。遂与烏干馬黎等（十）臣南行。百姓従之者多。……（以下略）(24)

と記述していて、百済の始祖の温祚は朱蒙の二男であると述べている。さらに

……改号百済。其世系与高句麗同。出扶余。故以解為氏。後至聖王。移都於泗沘今扶余郡彌鄒忽。仁州。慰礼。今稷山按古典記云。東明王第三子温祚。以前漢鴻嘉三年癸卯。自卒本扶余。至慰礼城。立都称王。(25)

と記述していて、百済の世系は高句麗と同じであり、百済の始祖は高句麗の東明王の第三子の温祚であるとしている。

『朝鮮史』（林泰輔撰）では、百済について

百済王温祚ハ。高朱蒙ノ子ナリ。初メ朱蒙卒本扶余ニ至リ。其王ノ女ヲ妻トシ。二子を生ム。長ヲ沸流ト曰ヒ。

次ヲ温祚ト曰フ。朱蒙北扶余ニアリシ時ノ子類利ヲ立テテ太子ト為スニ及ビテ。二子相容レザルヲ恐レ。烏干馬黎等十人ト南行シテ。沸流ハ彌鄒忽京畿道仁川府。ニ居リ。温祚ハ河南ノ慰礼城忠清道稷山県。ニ居ル。馬韓王東北百里ノ地ヲ割キテ之ヲ與フ。沸流彌鄒ノ土地卑湿ニシテ安居スルヲ得ズ。慰礼ハ都邑既ニ定マリ。人民安堵セルヲ見テ。慙恚シテ死セリ。故ニ其臣民皆慰礼ニ帰シテ益盛ナリ。乃チ国ヲ百済ト号シ。系高句麗ト同ク扶余ニ出ヅルヲ以テ。扶余ヲ氏トス。……（以下略）[26]

と述べて、百済の始祖は朱蒙の子である温祚であることを認める記述になっている。

四、『続日本紀』にみえる高野新笠の伝承との比較

つぎに『続日本紀』の桓武天皇代に記述されている高野衣笠をはじめとする百済から日本に渡来してきた百済系の人物の出自に関する伝承に注目してみる。

然るに三国の王家は扶余種で高句麗の別種である、これは諸記録によりても後代に其王家が伝称して種々の場合に之を公称し、又日本へ帰化した人々の家系にも之を称して居るので疑のない事実である。然らば百済は扶余種族――満洲方面に居た扶余族の者が馬韓に流入して建国の基をなした国である。併し第三世紀の馬韓の伯済国が既に扶余種族の建てた百済であったろうか、……（中略）この伝説的記事は批判の上でなくてはとれぬ。[27]

という先行研究があるが、日本へ帰化した人々の家系について具体的に触れていないので、典拠が判然としない。しかし『続日本紀』のつぎの記述を前提としたものであったかもしれない。

『続日本紀』に

○壬子。葬ル二於大枝ノ山陵一。皇太后姓ハ和氏。諱ハ新笠。贈正一位乙継ノ之女也ナリ。母ハ正一位大枝ノ朝臣真妹ナリ。后ノ先ハ出ツレ自リ二百済武寧王之子純陁太子一。皇后容徳淑茂ニシテ。夙ニ著ス二声誉ヲ一。天宗高紹「光仁」天皇龍潜之日。娉シテ而納ル焉。生メリ二今上。早良ノ親王。能登ノ内親王ヲ一。宝亀年中ニ。改メテレ姓ヲ為ス二高野ノ朝臣一ト。今上即テレ位ニ。尊テ為ス二皇太夫人一ト。九年追二上ツテ尊号ヲ一曰フ二皇太后一ト。其ノ百済ノ遠祖《トオツオヤ》都慕王者ハ。河伯之女感シテ二日精一ニ而所レ生メル。皇太后即チ其ノ後也ナリ。因テ以テ奉ルレ諡ナシヲ焉。(28)

光仁天皇の側室として入り、桓武天皇の母親であった皇太后の姓は和《やまと》氏(29)の乙継の娘であったことを記し、先祖は百済の武寧王の子の純陁太子（『日本書紀』に、継体天皇七年〈五一三〉百済太子淳陀死去とあるが、淳と純のハングル音は순（スン）、陀と陁のハングル音は同音の타（タ）であるので、原音の漢字借用の行われた同一名と考えられる）の子孫であると記述している。しかもこの和《やまと》氏の先祖は百済の遠祖になる都慕王であるとし、河伯の女が日に感じて生んだという伝承をそのまま伝えている。ここに「都慕」とあるのは日本語では「とぼ」または「つぼ」と読むかもしれないが、ハングルの現代漢字音でも「トモ」または「저모」（チョモ）と読めるので「朱蒙《チュモン》」の音と酷似している。つまり百済の遠祖の朱蒙の子の「温祚」が百済の始祖であるという伝承が日本に伝わって信じられていたように記述されている。

同様の記述はつぎの延暦九年にもみられる。ちなみに『続日本紀』桓武天皇延暦九（七九〇）年には、

左中弁正五位上兼木工頭百済王仁貞。治部少輔従五位下百済王元信。中衛少将従五位下百済王忠信。(30)

図書頭従五位上兼東宮学士左兵衛佐伊予守津連真道等が連の姓を改めてもらいたいと表をあげているなかに、

真道等本系ハ出タリレ自リ二百済国ノ貴須王一。貴須王者百済始メテ興レル第十六世ノ王也。夫レ百済ノ太祖都慕大王者ハ。日神降シテレ霊ヲ。奄フテ二扶余ヲ一而開キレ国ヲ。天帝授テレ籙ヲ。惣テ二諸韓ヲ一而称セリレ王ト。降リテ及ンデ二近肖古王一ニ。遥カニ慕イ二聖化ヲ一。始メテ聘セリ二貴国ヲ一。是レ則神功皇后摂政之年也ナリ。(31)

とあり、ここでは百済の太祖を温祚ではなく、朱蒙としているが、朱蒙が太陽の精霊を受けて生まれた人物で、扶余を経て国を開き、天帝が籙（書物）を授けて諸韓を統帥していたとする伝承を記述している。このように、高麗時代から朝鮮王朝時代にかけて、それも一三世紀末から初めて史書に登場して、その信憑性について論じられるようになった高句麗の始祖朱蒙と百済の始祖温祚に関する伝承が八世紀末の『続日本紀』という日本の記録に登場し、その記録は、『三国史記』が編纂される一一四一年よりも約四世紀先行していることが注目される。「檀君」に関する伝承は登場しないが、日本においては早くから上述した記録のなかにあらわれる「檀君古記」のような書物が伝来していたのであろうか。そして百済から渡来した和氏一族のあいだには、自分たちは高句麗の始祖朱蒙を経て百済の始祖温祚の血を引く者であるという伝承を信じて、大きな自尊心を持ち続けていたことが判明する。

結言

朝鮮半島の歴史を文献資料に基づいて記述しようとした知識人として、『倭漢三才図絵』を著述した寺島良安をあげることができるが、その内容は主として『東国通鑑』を引用したものであった。その後約一五〇年間、朝鮮半島の歴史に関して記述された文献は見られなかったが、一八七五年に菅原龍吉著の『啓蒙朝鮮史略』が刊行された。またその一七年後の一八九二年に林泰輔著の『朝鮮史』が刊行された。『啓蒙朝鮮史略』は、朝鮮時代の太宗三年（一四〇三）に刊行された『東国史略』を参考にして記述したと思われるが、朝鮮の始祖は檀君であると記述している。また林泰輔の『朝鮮史』の記述内容も初刊本では、朝鮮の始祖は檀君であると記述しているが、それ以降の刊本では、省略されていることが判明した。また両書に記述されている高句麗・百済・新羅の始祖に関する記述内容についても檀君の後孫とのかかわりから考察を加えてみた。それらと関連して『続日本紀』にみえる高野新笠に関する記述についても検討を加えてみたが、朝鮮半島では高麗時代から朝鮮王朝時代にかけて、それも一三世紀末に初めて史書に登場して、その信憑性について論じられるようになった高句麗の始祖朱蒙と百済の始祖温祚に関する伝承が八世紀末の『続日本紀』という日本の記録に登場し、その記録は、『三国史記』が編纂される一一四一年よりも約四世紀先行していることが注目される。

註

（1）発禁書については、宮武武骨『筆禍史』（改訂増補版、朝香屋書店、一九二六）の徳川幕府時代条及び人形浄瑠璃の上演については、崔官『文禄・慶長の役——文学に刻まれた戦争——』（講談社、一九九四年）などがある。

（2）徐居正などが王命を受けて編纂した編年体の通史。五六巻、一四七六年に完成。地理に関しては『海東諸国記』などを活用し、出典を明記して記述されている。この和刻版の『東国通鑑』は、日本では一六六七年（寛文七年丁未）に京都の三条通升屋町にあった御書物所で出雲寺和泉掾によって編纂され、松栢堂から『新刊東国通鑑』という書名で刊行されたものである。

（3）鉛活字本、七巻七冊、黎明館蔵版、千書房、一八七五年。

（4）林泰輔撰、東京吉川半七蔵版、一八九二年。

（5）『啓蒙朝鮮史略』巻之一、前編、三韓記第一、檀君条。

（6）林泰輔、吉川半七、一九〇一（明治三十四）年六月、訂正版発行は一九〇二年七月。

（7）第二篇、太古史、第一章　開国の起原条。なお林泰輔著の『朝鮮史』について考察した論考には、「林泰輔の『朝鮮史』研究の内容と意義」（権純哲、埼玉大学紀要第四五巻第二号、二〇〇九年、埼玉大学教養学部編）があり、この檀君神話についても言及していて重複する部分もあるが、始祖伝説を中心にして『啓蒙朝鮮史略』とともに考察する筆者の視点と若干異なる点がある。
(8) 今西龍『朝鮮古史の研究』(国書刊行会復刻版、一九七〇年)所収の「檀君考」第六章日本に於ける素尊即君説の発生条。
(9)『八坂社旧記集録』上中下、紀繁継、巻頭に承暦三(一〇七九)年と記された記載を謄写したとされる「八坂郷鎮座大神之記」参照。
(10) 同上書、同条。
(11) 日本古典文学大系六七『日本書紀』(岩波書店、一九六七年)巻第一 神代上 第八段第四条。
(12) 同上書、同条。
(13)『先代旧事本紀』巻第四、地祇本紀条。
(14)『啓蒙朝鮮史略』巻之一、前編、三韓記第一、三国条。
(15)『朝鮮史』第三篇、第一章、三国ノ分立条。
(16)『三国遺事』和装本六冊、京都帝国大学文学部叢書第六、京都帝国大学文学部、蓑内新之助、一九二一(大正一〇)年。
(17)『三国遺事』、坪井九馬三、日下寛校訂。東京帝国大学文科大学蔵版、史誌叢書本、一九〇四年。
(18) 朝鮮王朝実録『世宗実録』巻第一五四、地理志、平安道、平壌条。
(19) この釈文は、天理図書館蔵の好太王碑文の拓本(今西龍旧蔵)並びに『好太王碑考』(水谷悌二郎著、開明書院、一九五七(昭和五二)年の釈文を用いた。
(20)『三国史記』巻第一三、高句麗本紀第一、始祖東明聖王瑠璃王条。
(21)『啓蒙朝鮮史略』巻之一、三韓条。
(22)『東国通鑑』巻之一、三国紀、新羅、高句麗、百済条。
(23)『三国史記』巻第二三、百済本紀第一。
(24)『三国遺事』(東京大学本)巻二、南扶余、前百済、北扶余条。
(25) 同上書、同条。

（26）『朝鮮史』巻二、第三篇、上古史、第一章、三国ノ分立条。
（27）『朝鮮古史研究』所収の「檀君考」今西龍「朝鮮及満洲」一九二九（昭和四）年六月号。
（28）『続日本紀』巻四〇、桓武天皇延暦八（七八九）年一二月壬子条。
（29）『新撰姓氏録』諸蕃・未定雑姓条に、「出自百済国都慕王十八世孫武寧王〈在位五〇一～五二三〉也」とある。
（30）今西龍「朱蒙伝説及老獺稚伝説」「芸文」第六年第一一期、一九一五（大正四）年、前掲の『朝鮮古史の研究』所収。
（31）『続日本紀』巻四〇、桓武天皇延暦九（七九〇）年秋七月辛巳条。

第四章　一五～一九世紀の朝鮮国の文献にみえる始祖檀君論展開の様相

緒　言

一五九二年から一五九八年までの長期にわたって日本の侵略を受け、一六二七年の後金の侵入及び一六三六年に清の侵略を受けて屈辱的な降伏をする羽目になった朝鮮王朝の後期社会では、荒廃した国土の修復と戦乱の原因を究明して自国を見つめなおし、新たな発展を模索する動きが活発に展開されるようになり、清朝の考証学の受容と相俟って、社会のあらゆる分野にわたって探求する学問が発展した。本来、朱子学の研究を意味する実学という用語は、経世致用・実事求是の学問と理解されるほどになった。

そうした学問的風潮のなかで、自国の歴史を見直し探求しようとする学風も一段と強くなり、歴史学も多様な展開をみせるようになった。初期に国撰の『東国通鑑』・『東国史略』などの史書が編纂された後、中期にはいると個人の柳希齢、呉澐などによって『表題音註東国史略』及び『東史纂要』が編纂されはしたが、国史概説書の編纂・刊行はそれほど多くなかった。しかし後期に入ると多数の学者が研究し、著述するようになり、その叙述年代も古代から朝鮮王朝時代までの全時代について記述されるものが多くなった。豊臣秀吉の侵略を受け、また清朝に降伏するという屈辱的な歴史を経験するなかで、民族と国家の存在意義を再認識しようとする動きが高まり、とくに建国いらいの歴史にも強く関心を抱くようになって、開国神話として高麗時代いらい語られるようになった始祖の檀君朝鮮について一段と考察を加える文献が多数あらわれるようになったのがこの時期の特色ともいえる。(1) 一七九二年八月に出された正祖の教書にも

今の南壇は即ち昔日の郊祀の圜壇である。礼に、士庶は五祀を祭るを得ず、大夫は社稷を祭るを得ず、諸侯は天地を祭るを得ず　惟杞・宋・魯が諸侯を以て之を祭りしは、或いは大国の後、或いは元聖に酬いし功に因るなり。我が東の邦を建てしは檀君より始まり、史に天より降り石を壘ねて祭天の礼を行えり、……(2)

とあるように、中国の皇帝だけが天を祭ることのできる存在であることを認めつつも、侯国であった杞、宋、魯の三国では天を祭祀していたが、それは大国であるか、元聖の功が認められていたことによる。朝鮮では檀君という聖君が天より降ってきたので、祭天の礼を行ってきたのであることを国王も強調している。さらに関西地方（平安道）の観察使に儒教の経旨に明るい儒生を求めよと命じた教書に、

関西地方は素尚武の郷にして、我が東の文明の啓けしはこの土に肇まる、蓋し昔三古の世に、塗山に地を執り、浿水を黄河に比して、地に九井の制を留め、俗に八条の教を伝う、伝に云う所の君子の国は今の関西これのみ。(3)

とも述べている。そこで一部は一九世紀にわたる学者も含まれるが、この時期の学者たちの研究書や個人の文集に記述されている文献について考察し、開国の始祖「檀君」についてどのように研究し、認識されていたかについて考察を加えてみようとするものである。

一、朝鮮時代中・後期における始祖伝説に関連する文献

ちなみに朝鮮時代中期・後期に檀君伝説に関して編纂・刊行された主な文献（百科全書的史書、歴史地理書を含む）を例示するとつぎのようになる。

書名	編纂者	巻数	叙述時代
筆苑雑記	徐居正（一四二〇〜一四八〇）	二巻	一冊
標題音註東国史略	柳希齢（一四八〇〜一五五二）	一二巻	檀君〜高麗末一五四〇頃
新増東国与地勝覧	国撰（一五三〇）		歴史地理書
東史纂要	呉澐（一五四〇〜一六一七）	八巻	檀君〜高麗末
東史撰要	呉澐（一五四〇〜一六一七）	一巻	檀君〜英祖
歴代紀年	鄭逑（一五四三〜一六二〇）	三巻	檀君〜光海君元年
東史補遺	趙挺（一五五一〜？）	四巻	檀君〜高麗末
東国地理辨	韓百謙（一五五二〜一六一五）	一巻	上古〜高麗末
芝峰類説	李睟光（一五六三〜一六二九）	二〇巻	百科全書的考察書
隠峯全書	安邦俊（一五七三〜一六五四）	四三巻	檀君

林泰輔が活用。日本では『隠峰野史別録』として一八四九（嘉永二）年に和刻版が刊行されている。

書名	編纂者	巻数	叙述時代
東事眉叟記言	許穆（一五九五〜一六五二）	八七巻	檀君〜高麗

東国通鑑提綱　洪　汝河（一六七二年刊）　一三巻　箕子~高麗末

檀君朝鮮から統一新羅末までの古代の韓国・朝鮮史について編年体で記述している。一七八六年、正祖一〇年に編纂され、表紙名は『東国通鑑』となっており、書の巻頭には『木斉家塾東国通鑑提綱』となっている。高麗末期まで編纂しなかったのは、編者が高麗時代史ともいえる『彙纂麗史』を記述したことがあるからであろうとされる。『東国通鑑』を土台にしているにも拘わらず、『東国通鑑』では、外紀として扱っている檀君朝鮮と箕子朝鮮を本紀の第一巻朝鮮紀（上・下）において記述して、正史として扱っているのが特色である。

東国与地誌　柳　馨遠（一六二二~一六七三）　一三巻　檀君~高麗末

東国歴史可攷　同　右

東国史綱目条例　同　右

揆園史話　北崖老人（生没年不詳、一六七五年刊）　檀君

薬泉集（東史弁称）　南　九万（一六二九~一七一一）　三四巻　檀君

東国歴代総目　洪　万宗（一六四三~一七二五）　二巻　檀君~朝鮮顕宗

『東国史記』、『東史』などの書名が付された異名の写本がある。記述項目、記述方法の異なる写本もみられるが、韓国では「洪万宗謹識」の記載がなされていること及び共通する記述内容から『東国歴代総目』の写本と認められているようである。写本によっては王代の記述内容に相違がみられる書もある。

東国三韓四郡　李　世亀（一六四六~一七〇〇）　檀君~三国

南溪集　朴　世采（一六三一~一六九五）　一二五巻　檀君

息山先生文集　李　万数（一六六四~一七三二）　三八巻　檀君

東史会綱	林　象徳（一六八三～一七一九）	二七巻	檀君～高麗末
星湖僿説	李　瀷（一六八二～一七六四）		百科全書的考察書
薬山漫稿（海東樂府）	呉　光運（一六八九～一七四五）	二〇巻	檀君
択里志（八域志）	李　重煥（一六九〇～一七五六）	写本	歴史地理書
彊界考	申　景濬（一七一二～一七八一）	四巻	檀君～朝鮮
東史綱目	安　鼎福（一七一二～一七九一）	二〇巻	檀君～高麗末

『資治通鑑綱目』の形式をみならい、綱と目とに区分して、編年体で檀君朝鮮から高麗末までの歴史について叙述している。

東国文献備考	申　景濬（一七一二～一七八一）	一〇〇巻	百科全書的考察書
楓岩輯話	柳　光翼（一七一三～一七八〇）	七巻	檀君～朝鮮粛宗
同文広考	李　敦中（生没年不詳）	三〇巻	檀君～三国
紀年児覧	李　万運（一七二三～一七九七）	八巻	檀君～高麗末
耳溪集	洪　良浩（一七二四～一八〇二）	三八巻	檀君
修山集（東史）	李　種徽（一七三一～一七九七）	一四巻	檀君～高麗
明皐全集	徐　瀅修（一七四九～一八二四）	二〇巻	檀君
増補東国文献備考	李　万運（一七九一年刊）	一四六巻	百科全書的考察書
燃黎室記述	李　肯翊（一七三六～一八〇六）	五九巻	檀君～朝鮮
青荘館全書	李　徳懋（一七四一～一七九三）	巻之六四	蜻蛉国志

疆域考　丁　若鏞（一七六二～一八三六）　四巻　檀君～朝鮮
海東繹史　韓　致奫（一七六五～一八一四）　七〇巻　檀君～朝鮮
資料として用いた日本の史料は、1．孝経凡例　2．日本紀　3．日本逸史　4．日本文徳実録　5．類聚日本国史　6．異称日本伝　7．征伐記　8．日本書紀　9．続日本紀　10．日本三大実録　11．帝王編年集成　12．和漢三才図会　13．武林伝　14．毛利氏家記　15．維摩会縁起　16．白石余稿　17．南浦文集　18．日本名家詩選　19．時学鍼焫　20．徂徠集　21．島遺珠　22．客館筆談
楓皐集　金　祖淳（一七六五～一八三二）　一六巻　檀君～朝鮮
大東掌攷（歴代考）　洪敬　謨（一七七四～一八五一）　一三冊　檀君～高麗末
五洲衍文長箋散稿　李　圭景（一七八八～一八五六）　六〇冊　百科全書的考証書
東史約　李　源益（一七九二～一八五四）　三八巻　古朝鮮～朝鮮時代

二、檀君伝説に関する最初の記述

周知のように、檀君伝説について始めて記述された文献は『三国遺事』および『帝王韻記』とされ、参考までにその原文を表示すればつぎのようである。

『三国遺事』　紀異篇　第一　古朝鮮王倹朝鮮

魏書云。乃往二千載。有壇君王倹。立阿斯達経云無葉山　亦云白岳　在白州地　或云在開城東　今白岳宮是　開国号朝鮮。与高同時。古記云。昔有桓因謂帝釈也庶子桓雄。数意天下。貪求人世。父知子意。下視三危太伯可以弘益人間。乃授天符印三箇。遣往理之。雄

率徒三千。降於太伯山頂即太伯今妙香山神檀樹下。謂之神市。是謂桓雄天王也。将風伯雨師雲師。而主穀主命主病主刑主善悪。凡主人間三百六十余事。在世理化。時有一熊一虎。同穴而居。常祈于神。雄願化為人。時神遣霊艾一炷・蒜二十枚曰。爾輩食之。不見日光百日。便得人形。熊虎得而食之。忌三七日。熊得女身。虎不能忌。而不得人身。熊女者無与為婚。故毎於壇樹下呪願有孕。雄乃假化而婚之。孕生子。号曰壇君王倹。以唐高即位五十年庚寅唐堯即位元年戊辰則五十年丁巳非庚寅也疑其未実都平壌城今西京。始称朝鮮。又移都於白岳山阿斯達。又名弓一作方忽山。又今彌達。御国一千五百年。周虎王即位己卯。封箕子於朝鮮　壇君乃移於蔵唐京。後還隠於阿斯達。為山神。寿一千九百八歳。（以下は京都大学本にみえる記述）唐裴矩伝云高麗本孤竹国今海州。周以封箕子為朝鮮。漢分置三郡謂玄菟楽浪帯方北帯方通典亦同此説漢書則真臨楽玄四郡今云三郡名又不同何耶

『帝王韻紀』巻　下　東国君王開国年代　并序

初誰開国啓風雲、釈帝之孫、名檀君本紀曰上帝桓因有庶子曰雄云々謂曰下至三危太白弘益人間歟故雄受天符印三箇率鬼三千而降太白山頂神檀樹下是謂檀雄天王也云々令孫女飲楽成人身與檀樹神婚而生男名檀君拠朝鮮之域為王故尸羅高礼南北沃沮東北扶餘穢與貊皆檀君之寿也理一千三十八阿斯達山為山神不死也並與帝高興戊辰、経虞歴夏居中宸、於殷虎丁八乙未、阿斯達山為山神今九月山也一名弓忽又名三危祠堂猶存享国一千二十八、無奈変化伝、桓因却後一百六十四仁人聊復開君臣一作爾後一作爾後一百六十四雖有父子無君臣

三、朝鮮時代中・後期諸学者の檀君論

①　徐　居正

徐居正は、『筆苑雑記』において

唐堯元年甲辰より洪武元年戊申までは三千七百八十五年、檀君元年戊辰より我が太祖元年壬申までは亦三千七百八十五年であるから、吾が東方の歴年の数は大体中国とおなじである。帝堯がおこるや檀君がおこり、周の武王が国を建てるや箕子が封じられ、漢が天下を平定すると衛満が平壌に来たり、宋の太祖が興る時には高麗の太祖がすでに起こり、我が太祖が開国したのも明の太祖の高皇帝と同じ時代である。古記に、檀君は堯と同じ日に即位して虞の国と夏の国を過ぎ、商の武丁八年乙未年に至り、阿斯達山に入って、神となったとある。当時の文籍が伝わっていないので、その真偽について考えることはできないが、そのまま伝えられて古い記録を記したものである。(4)

といい、そして

人君は国を受けて長い者でも四五十年に過ぎない。人の寿命は上寿で百年、中寿で六七十年、下寿で四五十年、どうして檀君だけが千百年間も一国を受けることが有ろうか。その説はいい加減である。(5)

といい、また

檀君が子の扶婁を生み、これを東扶余王にして、禹が諸侯を塗山に会したとき。檀君は扶婁を遣わしてこれに朝会させたというが、その説には証拠がない。若しも檀君が国を亨けることが久しく長くて扶婁が塗山に行って会したとするならば則ち我が国の文籍が不備であるとしても中国の書にどうして一語もこれに及ぶなからんか。(6)

と述べて、中国の史書に言及したものがないのかと疑問も呈している。

② 柳　希齢（一四八〇〜一五五二）

柳希齢は、『標題音註東国史略』において、時代を前朝鮮と後朝鮮とに区分し、檀君については、前朝鮮条でつぎ

のように記述している。この前朝鮮と後朝鮮の時代区分は『高麗史』に始めて登場する。(7)

檀君姓は桓氏、名は王険、東方に初め君長無し、神人「桓因」の子「桓雄」という者あり。其の徒三千を率いて太伯山（在平安道寧邊府今妙香山）神檀樹の下に降れり。之を神市と謂う。世に在りて理して化す。子を生み号して「檀君」と曰う。唐の戊辰（帝堯二十五載）即位す　始めて朝鮮と稱し、平壌に都（今平壌府）す、都を白岳（在文化県）に移し、非西岬の河伯の女を娶りて、子を生む、「扶婁」と曰えり。丁巳の歳（夏ノ禹王元年）「禹」南に巡狩して諸侯を塗山に会す。「夫婁」を遣して焉《コレ》に朝せしむ、塹城壇を海島中に築き、以て天を祭る。又三子に命じて。城を築かしむ（今倶ニ江華府ニ在リ）。薨じて松壌（江東縣ニ在リ）に葬ル。後嗣箕子の来封を避けて、都を蔵東京（文化県ニ在リ）に移す。世を伝うること凡そ一千五百年。

ところで、柳希齢の檀君に関する記述には『三国遺事』および『帝王韻記』・『東国通鑑』・『東国史略』に記述されていない内容が三か所みられ、それまでの檀君に関する記述に新たに追加して発展させた点がみえる。それは、つぎの三点である。

（一）　非西岬ノ河伯ノ女ヲ娶テ子ヲ生ム名ヲ「扶婁」ト曰ヘリ、丁巳ノ歳（夏ノ禹王元年）「禹」南方ニ巡狩シ諸侯ヲ塗山ニ会ス「扶婁」焉（コレ）ニ朝セリ

（二）　塹城壇ヲ海島中ニ築キ以テ天ヲ祭ル又三子ニ命テ城ヲ築カシム（今倶ニ江華府ニ在リ）」枩壌（江東縣ニ在リ）に葬ル後嗣箕子ヲ避テ都ヲ蔵東京（文化県ニ在リ）ニ移ス世ヲ伝フルコト凡テ一千五百年

（一）の記述は　朝鮮王朝実録の『世宗実録』（世宗の即位年から逝去するまでの一四一八年から一四五〇年までを記述。）一四七二年、巻第一五四、地理志、平安道、平壌府条に記述されている記事を引用したもので、それを示せばつぎのようである。

檀君古記云、上帝桓因有庶子、名雄、意欲下化人間、受天三符印、降太白山神檀樹下、是是為檀雄天王、令孫女

欽薬成人身、与檀樹神婚而生男、名檀君、立国号朝鮮、朝鮮・尸羅・高礼・南北沃沮、東北扶余、濊与貊、皆檀君之理、檀君聘非西岬之女生子、曰夫婁、是謂東扶余王、檀君与唐堯同日而立、至禹会塗山、遣太子夫婁朝焉、享国一千三十八年、至殷武丁八年乙未、入阿斯達為神、今文化県九月山、……

（二）の記述の「塹城壇ヲ海島中ニ築キ以テ天ヲ祭ル又三子ニ命テ城ヲ築カシム今倶ニ江華府ニ在リ」と記述している記事は、朝鮮時代にはいり編纂された『高麗史』（一四五一年に完成）及び朝鮮王朝実録の『世宗実録』などに記述されているものを引用したもので、それを示せばつぎのようである。

『高麗史』（巻二四 世家、巻第二四 高宗 四六年 四月）
○命営仮闕於三郎城及神泥洞。

『高麗史』（巻五六 志、巻第一〇 地理 揚広道江華県）
○本高句麗穴口郡【一云甲比古次】在海中、直貞州之西南、通津縣之西、新羅景徳王改海口郡、高麗初、更今名、顕宗九年、置県令、高宗十九年、避蒙古兵入都、陞為郡、豪江都、三十七年、知久中条、集会二千九百六十余間、元宗元年、巻末都 一府東利松岳里、有故宮基】、忠烈王時、併于仁州、尋復舊、辛禑三年、陞為府、有摩利山【在府南、山頂有塹星壇、世伝、檀君祭天壇】、伝灯山【一名三郎城、世伝、檀君使三子、築之】、有仇音島・巴音島・今音北島・買仍島、続県三、

『高麗史』（巻五八 志、巻第一二 地理 三 西海道）
○本高句麗闕口。高麗初、改今名。顕宗九年、来続。睿宗元年、置監務。高宗四十六年、以衛社功臣成均大司成 柳璥内郷、陞為文化県令官。別号始寧【成廟所定】。有九月山【世伝、阿斯達山】・庄庄坪【世伝、檀君所都、

即唐荘京之訛】・三聖祠【有檀因・檀雄・檀君祠】

朝鮮王朝実録『世宗実録』（巻一四八　地理志　京畿　富平都護府　江華都護府）

◎江華　都護府、本高句麗穴口郡、新羅改為海口郡、高麗改為江華県。顕宗戊午、置県令。高宗一九年壬辰、【宋理宗紹定五年】避蒙古兵入都、陞為江華郡、号江都。元宗元年、【元世祖中統元年】復還松都。【今府東十里松岳里、有古宮基。】洪武丁巳、陞為府。本朝太宗癸巳、例改為都護府、属県二。鎮江県、本高句麗首知県、新羅改名守鎮。河陰県、本高句麗冬音奈県、新羅改名沍陰、皆為海口郡領県、高麗改今名、仍属江華任内。鎮山、高麗摩利山、【在府南、山頂有塹星壇、壘石築之、壇高十尺、上方下円。壇上四面、各六尺六寸、下広各十五尺。世伝朝鮮檀君祭天石壇、山麓有斉宮。旧例、毎春秋遣代言設醮、今上十二年庚戌、始遣二品以上。斉宮壁上、有東字韻詩。太宗潜龍、嘗為代言、斉宿于此、次韻、今刻于板上、以金填之。】伝灯山。【一名三郎城、在塹城之東。世伝朝鮮檀君使三子築之】

（二）の「枩壌（江東県ニ在リ）に葬ル後嗣箕子ヲ避テ都ヲ蔵東京（文化県ニ在リ）ニ移ス世ヲ伝フルコト凡テ一千五百年」の記事は、他の史書には記載されていない文章であり、その出典は、『朝鮮王朝実録』及び『新増東国与地勝覧』にみられるもので、それを示せばつぎのようである。

朝鮮王朝実録『世宗実録』（巻一五四　地理志　平安道　平壌府）

檀君祠在箕子祠南。【今上十一年己酉、始置、与高麗始祖東明王合祠。檀君在西、東明在東、皆南向。毎春秋、降香祝致祭。】東明王墓在府巽方三十里許中和境龍山【皆以画班石営壙、世云真珠墓、李承休記東明王事跡曰、乗天不復回雲軿、葬遺玉篇成墳塋。即此也。……。】

朝鮮王朝実録『世宗実録』（巻一五四　地理志　平安道　成川）

本沸流王松壌之故都

とあり、平壌府に檀君祠が設置されたのは世宗一一年のことであり、高句麗の始祖東明王と合祀していると記述していて、檀君の墓があるとは記述していない。また成川条には、「もと沸流王の松壌の故都」とのみ記載されている。

『新増東国与地勝覧』（巻五五　江東県）

江東県東至成川府界五里北至同府界三十二里……（以下略）

【郡名】松壌

【古跡】大塚の割注に、

一在西三里周四百十尺、諺伝檀君墓、一在県北三十里刀子山、諺伝古皇帝墓

『高麗史』巻五八　志、巻第一二　地理　三　西海道

○本高句麗闕口。高麗初、改今名。顕宗九年、来属。睿宗元年、置監務。高宗四十六年、以衛社功臣成均大司成柳璥内郷、陞為文化県令官。別号始寧【成廟所定】。有九月山【世伝、阿斯達山】・庄庄坪【世伝、檀君所都、即唐荘京之訛】・三聖祠【有檀因・檀雄・檀君祠】

以上のように、朝鮮時代初期に刊行された書物の檀君伝説に、新たな資料を付加した内容によって、新たな檀君神話が形成されたことになり、これ以後の檀君に関する研究は、この記述も含めて論じられるようになった。ついで著者自身の見解を「史臣曰く」という形式をとり、つぎのように述べている。

史臣曰く、古記に云う、檀君と堯と並びて戊辰に立つ、商の武丁八年乙未に至り、阿斯達山に入り神と為る、寿を享けること千四十八年、此の説疑う可し、今按ずるに、堯の立ちしは、上元甲子甲辰の歳、檀君の立ちしは、

後二十五年戊辰に在るを以てすれば、堯と並びて立ちしは非なり、唐虞より夏商に至り、世は漸く澆漓し、仁君の国を享けて久しく長き者、五、六十年に過ぎず、安んぞ檀君一人寿千四十八年にして、以て一国を享けること有らんや、その説の誣なるを知るなり、前輩の以て謂う、その千四十八年と曰うは、乃ち檀氏の伝世歴年の数にして、檀君の寿に非ざるなり、此の説に理有り、近世権近天庭に入覲す、太祖皇帝近に詩を賦すを命じ、檀君を以て題と為す、詩に曰く、伝世幾ばくかを知らず、歴年曾なりて千を過ぐ、帝覧て之れを可とす、時に亦近の言を以て是となすを論じるは、姑く之を存し、以て後考に備う(8)。

と述べて、堯と檀君が同時に立ったというのは年代がずれているから矛盾していると指摘し、どうも疑わしい話であるとする。しかし先人のなかに、檀氏が伝世し、年を経たことを指していると言っている記述がみられるのには一理があり、権近が中国皇帝の前でもそのように詩を詠み、皇帝もそれでよしとしたので、これについては今後の考察を待つと述べている。また「史臣曰く……」の著者の見解はすでに『東国通鑑』に外記として付記されている「按ずるに……」の記述と同様の内容であるところから、『東国通鑑』に準じて檀君の始祖伝説の存在することを肯定しつつも、疑問に思うところを記述している。

ところで、この本文の檀君に関する記述は、日本で初めて著述されたと思われる概説書の『啓蒙朝鮮史略』（菅原龍吉著、一八七五年）にそのまま引用されている。またこの『啓蒙朝鮮史略』から一五年後に著述された林泰輔著『朝鮮史』にもつぎのように記述されている部分がある。その部分は割注にして記述されていて、

東国史略ニ。檀君姓ハ桓氏。名ハ王険。初神人桓因ノ子桓雄アリ。徒三千ヲ率ヰテ。太伯山（平安道妙香山）神壇樹ノ下ニ降ル。之ヲ神市在世理ト云フ。子ヲ化生ス。号シテ檀君ト曰フ。非西岬河伯ノ女ヲ娶リ。子ヲ生ム。扶婁ト曰フ。禹ノ南ニ巡狩シ諸侯ヲ塗山ニ会スルトキ。扶婁ヲ遣シテ朝セシム。其薨ズルヤ松壌（平安道成川府）

ニ葬ル。世ヲ伝フルコト。凡一千五百年ト云ヘリ。
故ニ或人曰ク。桓ハ神《カム》ナリ。桓因ハ神伊弉諾ノ略。桓雄ハ神須佐之男ノ略。神市在世理ノ市在ハ須佐ニテ。即須佐之男ナルベシ。檀君ハ太祈《タキ》ニテ。素戔嗚尊ノ子五十猛神ナリ。蓋素戔嗚尊。其子五十猛神ヲ帥ヰテ。新羅国ニ到リ曾尸茂梨ニ居リシコト。我国史ニ見エ。又五十猛神。一名ヲ韓神ト云ヒタレバ。事実大略符合セリト。此説亦牽強ニ近シ。姑ク附シテ参考ニ供ス。

ここに「東国史略ニ……」とある「東国史略」は、『官版朝鮮史略』という名称を付されて出版された和刻版の『東国史略』ではなく、一五四〇年頃（中宗代）に編纂されたこの『標題音注東国史略』（柳希齢編注）の記述内容とほぼ一致する。この『標題音注東国史略』が日本にもたらされたのは編纂された時代からして、おそらく文禄・慶長の役のさいであったと思われる。

さらに前述したように、林泰輔は或る人の言として、檀君神話を『日本書紀』・『古事記』に登場する神で、桓因は伊弉諾尊、桓雄は素戔嗚尊、檀君は素戔嗚尊の子の五十猛神である、素戔嗚尊はその子五十猛神を率いて新羅の曾尸茂梨に至った。それで五十猛神は韓神ともいうとあり、当時の日本人の韓国・朝鮮国史理解の一面を反映しているようにみえる。しかし林泰輔は「この説亦牽強に近し」として「檀君」が「素戔嗚尊の子の五十猛神である」という説はやはりこじつけであるという見解を持っていた。

③　呉　澐（一五四〇〜一六一七）

呉澐には一六〇六年に著述した『東史纂要』及び『東史撰要』の二冊の著述があるが、『東史纂要』では、簡潔に記述していて、

東方有九種夷初無君長、有神人、降于太白山檀木下、国人立為君、国号朝鮮、時唐堯二十五年戊辰歳也、初都平壌後徙白岳是為檀君、至商武丁八年乙未入阿斯達山為神【以下割注文】古紀享寿千四十八年、此説可疑、前輩謂千四十八年者、乃檀氏伝世歴年之数、非檀君寿、此説有理○太白山即妙香山、阿斯達山文化県、九月山白岳、即此山也(9)

と述べるのみである。しかし割注の部分で、檀君の寿命が千四十八年であったという点に疑問を抱き、それは檀氏が傳世した歴年の数字であるという先人の説を是としている。しかし『東史撰要』では、檀君と箕子について『東国通鑑』では「外紀」として記載している。それは世代と事跡が判然としないからであるが、しかし檀君は最初の神君であり、箕子は立教の聖后である。歴年・始終についてはなお考えるべきであるが、尊んで東国の統系の首として書すとして、檀君を始祖として記述している(10)。

さらに「檀君は後唐の堯の二十五年に立ち、我が太祖（李成桂）は後明の太祖二十五年に起こり、唐堯の元年甲辰より明の太祖元年戊申まで三千七百二十五年で、檀君元年戊申より我が太祖元年壬申まで三千七百二十五年に当たる」(11)として中国と符合すると述べる。その檀君条には

檀君朝鮮　都平壌後都白岳今文化九月山

檀君【割注】名王倹、○東方初無君長、有神人、降于太伯山檀木下、国人立為君、国号朝鮮、○三国遺事曰、昔有天神降于太伯山頂神檀樹下、時有一熊、祈于天神、願化為人、遂得女身、仍乞有孕、天神乃交之、而生子、号曰檀君、蓋以其孕生於神檀下故也、○太伯山今妙香山。

戊辰元年唐堯二十五年教民編髪蓋首、君臣男女飲食居処之制自此始　命彭呉治國内山川、以尊民居牛首州彭呉碑今春川

甲戌　一百二十七年（夏禹十八年）遣子扶婁朝夏　時禹会諸侯於塗山子入朝
甲子　一千十七年（商武丁八年）入阿斯達山（亦九月山）為神（墓在平壌）[12]…

とあり、『三国遺事』には、天から下った桓雄を天神と表記し、桓因、桓雄の存在を天神という自然神的な存在として扱っていて、そして檀君元年戊辰には民に髪を結い頭を覆う帽子について教え、君臣男女の飲食・住居の制度はこの時から始まったという説及び彭呉に命じて国内の山川を治めさせて民の居所を尊んだというこれまでに見られなかった新しい主張を展開している。李希齢と異なるのは檀君が子の扶婁を夏に遣わして禹が諸侯に会した塗山に入朝させたという年代を夏の禹王一八年のことで、檀君の百二十七年甲戌のことであるとしている点である。また檀君が阿斯達山に入ったとされる商の武帝八年の年代を乙未年ではなく檀君の一千十七年甲子であるとする。こうした年代を比定した論拠については定かではない。

④　李　睟光（一五六三～一六二九）

『芝峰類説』は、百科全書的な膨大な著述でありながら、諸史書を引用する客観的な考察を加えた記述形式をとっているので、「檀君」に関する記述内容はきわめて簡潔である。

（1）我が東方、檀君・箕子・衛満・高句麗は並びて平壌に都す[13]。

（2）論語に「子九夷に居らんと欲す[14]」。

（3）東史を按ずるに曰く。東方に九種の夷有り。初め君長無し。檀君始めて朝鮮と号す。蓋し孔子の世。乃ち箕王の中葉。九夷の称尚存するのみ。且つ夷に居らんと欲するは。豈我が国の西海の齊魯と相近き故に非ざるか[15]。

（4）『東史』に衛満は王倹城に拠る、註に王倹城は今の平壌、古の仙人王倹の宅なり。与地勝覧に云う、古記に檀君名は王倹、『馬史』に王険に作る、未だ熟れか是を知らず[16]。

（5）唐の尭元年甲辰より法武元年戊申に至るまで、総三七八五年。檀君元年戊辰より我が太祖元年壬申に至るまで、亦三七八五年、異ならんか。これを以てこれを計るに、檀君元年より先王丁未に至るまで四千年となるなり、わが東の歴年の長久なるは檀君一千四十八年……[17]。

とあるように、檀君が平壌に都を置いたこと、孔子が「我れ九夷に居らんと欲す」と論語に記述されているように東方には九種の夷が存在したが、初め君長は存在しなかった。檀君が初めて朝鮮と号して君長になったと記述している。最初に朝鮮と号した国の君長として檀君という人物が存在したこと、また『東史』に、衛満は王倹城を根拠にしていたとあるが、それは平壌にあり、古の仙人の居宅であること、『東国与地勝覧』には、「古記に檀君の名は王倹」で、馬史には「倹」を「険」の字にあてているが、これについてはよくわからないとしつつも檀君の存在を認めている。

⑤　安　邦俊（一五七三〜一六五四）（西人派）

安邦俊の『隠峯全書』（安邦俊、一五七三〜一六五四）では、我が東方の歴年は中国と同じで、中国の尭の時代には我が国には檀君という始祖が存在していたと簡潔に記述しているのみである。

……吾東方の歴年は中国と同じ、帝尭作りて檀君始まる、周武立ちて箕子を封じ、漢の高帝秦を滅ぼして衛満来る、宋の祖五季を継いで麗王起き、大明螻蟻を掃きて我が朝起こる、……（以下略）[18]

⑥　北崖老人（姓名・生没年未詳）

北崖老人が著述した『揆園史話』は、高麗時代末期の『震域遺記』（著者は李茖とされる）を参考にしたとされ、その『震域遺記』は高麗初期に渤海の遺民が著作した『朝代記』を土台にしたものとされるところから、『三国遺事』の記述よりも古く貴重な史料であるとされ、研究者のあいだで話題になった書物であるが、一九二〇年代にはいってはじめて知られるようになったところから、偽書ではないかという見解が実証史学者のあいだで表明された。一九七二年一一月に、李家源、孫宝基、任昌淳の古書審査委員が審査した結果、粛宗代に記述された真本であると結論付けされたが、これまでの研究を再検討した最新の研究においても偽書である[19]と結論付けられている書物であるので、本稿ではとりあげないことにする。

⑦ 洪　万宗

記述内容が若干ずつ異なる『東国歴代総目』の異名の諸写本に共通する記述はつぎのようである。冒頭の部分で、檀君については「……檀君後唐堯二十五年而立、……」と檀君の存在を認める内容になっており、さらに「東国歴代総目」と付された本編の最初に

檀君朝鮮、都平壌、後都白岳、白岳今文化九月山　史記評林註索隠曰、朝音潮、仙音以有山水、故名、又東史宝鑑曰、朝鮮音潮、仙因水為名、又云鮮明也、地在東表日先明、故曰朝鮮。

というような記述内容があり、それぞれ若干の相違があっても共通する内容が記述されていること、さらに「箕子」の前に「檀君」という項目を設けて

檀君名王倹東方初無君長、有九種夷、草衣木食、夏巣冬穴、有仙人、降于太白山頂、檀木下、時有一熊祈于天神、願化、遂得女身、仍乞孕、天神交之、而生子、故号檀君、唐堯二十五年即位、商武丁八年甲子入阿達山、為山神、廟在平壌、起檀君元年戊辰至箕子受封、

という内容の記述がなされていること及び全烱澤も、つぎのような記述が共通にみられると指摘しているが[20]、子の扶婁を夏に朝せしめたという記述のない写本も存在する。

○戊辰元年唐堯二十五年教民編髪盖首

○命彭呉治国内山川以奠民居

○甲子商武丁子八年入阿斯達山亦九月山

○甲戌夏武丁八年遣子扶婁朝夏時禹會諸侯於塗山檀君遣子扶婁朝焉

年代を表示して、檀君が民衆に編髪、盖首について教えた史実が存在すると明確に記述している書であるといえよう。

⑧　許　穆（一五九五〜一六五二）（南人派）

許穆は『眉叟記言』において、従来の始祖檀君の伝承にとらわれることなく、高句麗及び百済の始祖は檀君氏の後裔であるという説を展開している。上古の九夷の初めに、桓因氏がいて、その桓因が神市を生み、その神市が生民を治める政治を行ったので、民がそれに帰属したという従来の『三国遺事』にはみられない解釈が始まっている[21]。それを提示するとつぎのようである。

九夷之初。有桓因氏。桓因生神市。始教生民之治。民歸之。神市生檀君。居檀樹下。号曰檀君。始有国号曰朝鮮。朝鮮者。東表出之名。或曰鮮汕也。其国有汕水。故曰朝鮮。都平壌。陶東氏立一十五年。檀君氏生夫婁。或曰解夫婁。母非西岬女也。禹平水土。会諸侯於塗山。夫婁朝禹於塗山氏。後檀君氏徙居唐蔵。至商武丁八年。檀君氏没。松嬢西。有檀君冢。松壌。今江東県。或曰。檀君入阿斯達。不言其所終。泰伯、阿斯達。皆有檀君祀。夫婁立為北扶餘。夫婁禱於鯤縁淵。得金蛙。以貌類金蛙。命口金蛙。夫婁之世。商亡。箕子至朝鮮。後周徳衰。孔子欲居九夷。夫婁卒。金蛙嗣。徙迦葉原。為東扶余。金蛙末。秦并天下。秦亡人。入東界為秦韓。漢高后時。衛満拠朝鮮。朝鮮侯準南奔。至金馬為馬韓。孝武時。略薉貊。薉君南閭降。初置滄海郡。用丞相弘計罷之。金蛙伝帯素。帯素恃其強大。与句麗争攻伐。卒為所撃殺。其弟葛思代立。至孫都頭降句麗。東扶余亡。葛思。非王名。都葛思。号曰葛思。考其年代。在莽之世。桓因神市之世。無所攷。檀君之治。自陶唐氏二十五年。歴虞夏氏。至商武丁八年。千四十八年。解夫婁之後。至葛思亡於莽之世。亦千年。亦有余種。通於晋。金蛙悦優浡水之女。優浡。澤名。在泰伯山南。感日影照身。生朱蒙。朱蒙少子曰温詐。檀君氏之後。有解夫婁。解夫婁之後。有金蛙。金蛙之後。有朱蒙、温詐。為句麗、百済之祖。皆本於檀君氏。(22)

また檀君氏が夫婁を生み、夫婁は解夫婁ともいう。そして檀君が没した後、夫婁が北夫余を建て、その夫婁が鯤縁淵に祈って金蛙を得て、金蛙が優浡水の女性を慕い、朱蒙が生まれた。朱蒙の幼名は温祚。檀君氏の後に解夫婁がいて、その後に金蛙、金蛙の後に朱蒙、温詐は高句麗の祖でもあり、百済の祖も皆その本は檀君氏であるとする。(23)

⑨　南　九万（一六二九〜一七一一）（少論派）

南九万は『東史弁証』においてつぎのように記述している。

旧史の檀君紀に云う、神人有り、太白山の檀木下に降り、国人立てて君と為す、時に唐の堯の戊辰の歳なり、商の武丁八年乙未に至り、阿斯達山に入りて神と為る。此の説三韓古記より出ずと云う。今三国遺事に載せる古記の説を考えるに、昔桓因帝釈ありと云う。庶子の桓雄天符印三個を受けて。徒三千を率いて太伯山頂の神檀樹下に降る。之を神市と謂う。是を桓雄天王と謂うなり。風伯雨師雲師を以て在世理化す。時に一熊の常に神雄に祈る有り。化して人と為らんことを願う。雄霊艾一炷と蒜二十枚を贈る。熊之を食すること三七日。女身を得。毎に檀樹下に。孕む有るを呪願す。雄乃ち假化して之と婚す。子を生み檀君と曰う。唐の堯の庚寅の歳平壌に都す。国を御すること一千五百年。周の武王己卯に箕子を朝鮮に封ず。檀君乃ち蔵唐京に移る。後還りて阿斯達山に隠て山神となる。寿一千九百八歳(24)。

とあるように、『三国遺事』にみえる檀君条の記事とほぼ同様の内容を記述している。しかしその記事については疑念を抱いていたようで、次のように論じてもいる。

此れを以て之を言えば太伯の檀樹下に降りしは乃ち檀君の父。檀君に非ざる也。其の檀樹に生まれるを以て。故に檀君と称す。檀木に降るに非ず。故に檀君と称する也。第其の説妖誣鄙濫にして。初め閭巷の児童を以て誑すに足らず。史を作る者其の此の言乃ち檀君を以て神人の降りて。復山に入りて神となると全て信じるべきか。且つ唐の堯以後の歴年の数。中国の史書及び邵氏経世書を。考えて知る可きなり。堯の庚寅自り武王の己卯に至るまで。僅かに一千二百二十年。然れば則ち所謂国を御すること一千五百年。寿一千九百八歳。其の誣なること亦甚しからずや。筆苑雑記は古記の説を引きて。檀君は堯と同日にして立つと云う。商の武丁乙未に至り阿斯達山に入りて神と為る。享年一千四十有八歳。又檀君非西岬河伯之女を娶ると云う。子を生み扶婁と曰う。是れ東扶余王たり。禹諸侯を塗山に会すに至り。扶婁を遣わして焉に朝す。今按ずるに堯の元年は乃ち甲辰なれば。則ち此の堯と同日に立つと称するは。戊辰の歳に立てて君と為すと。庚寅の歳に平壌に都すとは。牴牾するなり。其の商の武丁乙未に山に入りて神と為ると称するは。又周の武王己卯に箕子を避けて蔵唐京に移るとは矛盾するなり。厖雑なること此れの如し。亦其の肆めて誣なること見る可きなり。且つ堯の卽位の日。中国の書に亦考す可き無し。則ち又何を以て檀君のこれと同日なるを知らんか。檀君国を立てて千余年の間。一事も記す可きもの無く。独り塗山玉帛の会に。以て子を遣わして入朝せしむと称するは。其の仮託傅会。誠に亦言うに足る者無きなり。且つ其の河伯の女を娶りしと云うは。妖異尤も甚し。遺事に又云う、檀君河伯の女と要親す。子を産みて夫婁と曰う。其後解慕漱又河伯の女に私して朱蒙を産む。夫婁は朱蒙と兄弟なり。今按ずるに檀君自り朱蒙の生れるに至るまで。幾ど二千余年。たとえ河伯の女が果して是れ神鬼にして人に非ずといえども。又何を以て前に檀君に嫁し。後に慕漱に私するを知らんや。必ず是れ一女にして前の夫婁後の朱蒙。必ず是れ兄弟ならんか。且つ其の檀君の寿を言うは。本既に虚誕にして。諸書錯出す。亦定説無し。独り権陽村近の応制詩に。伝世不知幾と云う。歴年曾千を過ぎ。其の歴年之数。檀君の寿を曰わず。伝世を曰うは。其の伝疑に於いて。或いは差近なり。(25)

と論じているように、

(1) 太白山の檀樹の下に降ったのは檀君の父親であり檀君ではない。その説は妖誣鄙濫である。神人が降ってきて、再び山に入って神になるのか。

(2) 堯の庚寅より武王の己卯に至るまでは一〇二〇年であって、檀君が国を治めた一五〇〇年、寿は一九〇八歳というのはおかしい、『筆苑雑記』に、檀君は堯と同日にして立ち、商の武丁乙未に阿斯達山に入って神になったというのは、周の武王己卯に箕子を避けて蔵唐京に移ったというのと矛盾する。

(3) 堯の即位日は中国の史書でも判然としないのに檀君と同日という根拠はなにか。檀君が国を立ててからの千余年間の記事がまったくないのに、独り塗山玉帛の会に。以て子を遣わして入朝せしむと称するは。塗山の会に。子を遣わして入朝せしむという記事だけがあるのはおかしい、

(4) 河伯の女を娶ったというのはもっともおかしい。『三国遺事』に檀君が河伯の女と通じて子を産み夫婁といい、その後解慕漱がまた河伯の女に私して朱蒙を産んだので、夫婁は朱蒙と兄弟なりとあるが、今考えてみれ

ば檀君より朱蒙の生れるまでほとんど二千余年あり、たとえ河伯の女が神鬼で人ではなかったとしてもどうしてさきに檀君に嫁し、後に慕漱に私通したのかよくわからない。これが一人の女性で、前の夫妻と後の朱蒙は兄弟というのであろうか、と四項目にわたって矛盾すると考えた点について指摘している。

⑩　朴　世采（一六三一〜一六九五）（少論派）

檀君について記述しているわけではないが、檀君神話の派生的な展開として、「檀君の時代に三神人が漢拏山に降り、その長のはじめの姓は良氏で、それを梁氏に改めた」という見解を抱いていた(26)。つまり梁という氏族は済州島から出たものであるが、その梁氏の始祖は檀君の時代に始まったとする檀君神話の派生的な展開がなされている。

⑪　李　万敷（一六六四〜一七三二）（南人派）

許穆が南人派の学者であったところから、同じ南人派であった李万敷も同様の理解をしていたようであるが、「神人が太白山の檀木の下に降った。国人が立てて君とし、国を朝鮮と号し平壌に都をおいた」という説と「上古の九夷の初めに桓因がいて、神市を生み、始めて生民の治め方を教えた。神市が檀君を生み、檀樹の下に居して檀君と號して、平壌に都をおき、国号を朝鮮といった。」という同じ南人派の許穆の展開した二説には、相違点があるが、檀君が興ったのは実は太白であるとしていて、桓因が神市を生んだという説には同意していなかったように思われる(27)。

また檀君がはじめて立ったのは唐堯二十五年で、殷の武帝の世に至ったとする。さらに旧史に、檀君の後裔に解夫妻がいた。その解夫妻の後に金蛙が有り、金蛙と優淳水の女との間に朱蒙が生まれ、その幼名を温祚といった。朱蒙、温祚は高句麗、百済の祖であって、すべて檀君氏がもとになっていると記述している(28)。

⑫　金　誠一（一五三八～一五九三）

金誠一は、一五八九年に議政府舎人の職にあるとき、豊臣秀吉の派遣した玄蘇及び平義智などと会い、日本との通好問題について議論した事があり、また一五九〇年には日本の情勢を探るために通信使の副使に任命されて日本を訪れている。日本に滞在中に古渓宗陳[29]が『大明一統志』に記載されている朝鮮国の沿革と風俗について尋ねてきたことに対して回答した内容のなかに、金誠一は檀君朝鮮について説明していた。この金誠一が、檀君が朝鮮国の始祖であるという情報をはじめて日本にもたらした人物ではないかと思われる。日本ではこの説明についてどのように扱ったかについてはよくわからない。まず周代に箕子が封じられた国であるということについては「箕子は殷の同姓の親族である。紂王が無道であったところから、箕子は武王に『洪範』を奉りはしたが、武王の臣下にならなかった。すると武王は箕子を朝鮮に封じて賓礼を以て待遇し、臣下の国ではないことを示した。平壌に都をおいて八条の教えを農民に教え、農民たちはその教えに感化されてついに礼儀の国となった。また井田法を施行しようとしたので、現在でもその遺趾が残っている。……（中略）。その箕子朝鮮の以前には、檀君朝鮮があった。檀君は尭王と同じ時期に国を建てて、千余年間国を治めたあと太白山に入って神仙になった。○朝鮮の鮮は、明るいという意味である。地域が東方にあるので、太陽がまず先に上るので、朝鮮と称することになった[30]。」

⑬　李　瀷（一六八一～一七六三）（南人派）

李瀷は、その著『星湖僿説』のなかに、

東国の歴代の興廃は、ほぼ中華と相終始す、檀君は尭と並びて興り、武王に至りて命を受け、箕子定封す、思う

に檀君の後、衰微して君国を復する無し、故に箕子得て業を開く。(31)

と述べて、檀君が中国の堯と同じ時代に興ったとする。そして『東国与地勝覧』に引用されている内容について紹介し、檀君が非西岬の河伯の娘と婚姻して夫婁を生み、夫婁が北扶余王になったという説に言及して、

（1）『与地勝覧』に、古記を引いていうには、天神の桓因が庶子の桓雄に天符印三個と徒三千名をひきいて太白山の頂上に降らせたのであるが、この時熊が変身して女神となり、桓因が婚姻をして檀君を生んだ。檀君は非西岬の河伯の娘と婚姻して夫婁を生み、それが北扶余王となったのであるが、老いても子がなかったので、子が生まれるように祈願したところ、金蛙を得て育てた。夫婁が死去するや金蛙が代を継ぎ、帯素に至って高句麗大神武王に滅ぼされたという。そうすると檀君の世代は一代だけであったことになる。上には夫婁が北扶余王になったといい、下には夫婁が都を移したという。『三国史』に、「東夫余の王になった」というから「旧都は北夫余で、迦葉は東夫余になるようだ」また「その旧都に天帝の子であると自称する解慕漱という者が来て都をおいた。」とあるから、その旧都というのは則ち太白山のことで、解慕漱が都をおいた所であり、夫婁は太白山の東に居たのであるが、帯素に至り、国が滅びるやその弟が追い出されて鴨緑谷に至って海頭王を殺害し、都をおいたので、これを曷思王という、また高句麗に降伏したので、金蛙の世代が断たれたのである。

（2）桓因が熊と結婚したのであれば桓雄だけが降ってきたのではなく、桓因も共に降ってきたのであり、檀君が熊神の所出であるならば熊が嫡妻ではないから、ただ一人桓雄だけが庶子なのではなく、檀君もやはり庶子なのであるから、嫡子がいたのではない。またひょっとして桓雄が死去するや檀君が兄の後を継いで王になったというのであろうか。檀君が子の夫婁に伝えて迦葉に移ったのであるが、解慕漱が来て旧都において暮らしたのであれば檀君はどこに行ったのであろうか。

（3） 史にまた「檀君が阿斯達山に入り神になった」というが、阿斯を諺語で記せば「九」であり、達を諺語で記せば「月」であるから、これがまさに現在の九月山である。文化県に唐荘京があり、箕子が封じられた所であるが、檀君はここに移ったという。

（4） 九月山には三聖祠があり、桓因・桓雄・檀君の三人を祭祀しているが、春・秋に香を下賜して祀っている。そうであるならば檀君がこれほど多くの年数を生きて周の武王の時に至って始めて唐荘に移ったというのであろうか。また檀君が阿斯達にはいり、神になり、夫妻が都を移したのであるから、旧都に居たのは解慕漱の後裔なのであろうか。旧都で王をしていたのであるのにその子の朱蒙が東夫余に難を避けていったのであればどうしてその父の所に帰らず、他の所に行ったというのであろうか。箕子が封じられたのであれば、それは解慕漱に代わったのであって、檀君に代わったのではない。箕子は聖人なのであるから、どうしてその主君を追い出して自ら王になるだろうか。檀君が天神の子であり、解慕漱も天帝の子であるとするならば、天に二神があるというのか。檀君は河伯の婿になり、解慕漱もまた河伯の婿になったというのであるから、それは同じ河伯であったというのであろうか。その荒唐無稽で信じることのできないのはこのようである。(32)

また「檀君は舜に従った」と主張する。その論拠として

（5） 東国（朝鮮国）は檀君と箕子以前のことは考えることはできない。その檀君は堯と同じ時代に国を建てたというから、舜と同じ時代でもある。舜は初めて十二州を設置したというが、そのなかの幽州と幷州・営州はすべて東北地帯である。堯の時代にはそれらの名称は存在しなかった。舜は諸馮で生まれた人物で東夷の人である。諸馮という地帯は遼瀋と近いところにあったようで、『周礼』の職方氏に、幽州には医巫閭という山があり、産物には魚塩があるという。現在、燕京に行く道の右側に医巫閭山がみえ、魚塩もやはり遼東の海に産す

るので、幽州の地帯が我が国と接していたと推測される。最初遼東と瀋陽はすべて朝鮮の所有であったから、間違いなく諸馮と離れてはいなかったと思われ、舜は一年で集落を形成し、二年で村を作り、三年で都邑を作ったとされるので、檀君も舜に従うようになったに違いない。(33)

上記のように開国の始祖として檀君が存在したことに異議は唱えていない。

⑭　呉　光運（一六八九～一七四五）（南人派）

呉光運は、従来の檀君伝説を認めつつも、熊が化して女となり、それが婚姻して子を生んだという説はもっとも荒誕であるとして疑問を呈している。(34)

⑮　李　重煥（一六九〇～一七五六）（南人派）

李重煥は、その著『択里志』（一七五〇年頃）の四か所において檀君について記述している。

（1）古の堯の時、神人有り、平安道价川県妙香山の檀木下の石窟中に化生す、名づけて檀君と曰う、遂に九夷の君長となる、年代子孫記す可らず。(35)

（2）……又北に回りて文化九月山に止まる、即ち檀君の故都。(36)

（3）……旧く太白山上に、檀君化生の石窟有りと称す、……(37)

（4）九月（山）、……諺に、檀君の子孫、箕子を避けて、平壌自り此に移都すと伝う、所謂荘荘坪なり、尚檀氏三君の祀有り、国家は春秋に香祝を降し以て祭る、然るに檀氏の偏拠は、茲地の勝を尽くすに足らず、…(38)

以上のようであるが、（3）のように、古くから太白山上に檀君が化生した石窟があるという伝承まで記述しており、檀君が九夷の君長になったところから、始祖としての檀君の存在を肯定している。

⑯ 安 鼎福（一七一二～一七九一）（南人派）

安鼎福は、朝鮮時代後期におけるもっとも著名な歴史学者の一人であるが、その著『東史綱目』において檀君について論じている。凡例に於いて次のように述べて、箕子について記述し、ついで檀君について記述している。その順序が入れ替わったからと言って決して檀君の存在を否定したわけではない。

凡そ統系は。史家の巻を開く第一義と為す。通鑑は檀箕の事蹟を以て。別に外記と為す。其の義は是ならず。今正統は箕子より始める。檀君は箕子東来の下に付す。通鑑綱目篇首の三晋の例に倣った。（割注に）按ずるに檀君は首め出でて国を御し。箕子は肇めて文物を興し。各千余年にして。神聖の始めは宜しく泯す可からざる者有るべし。通鑑は以て史書に伝う無しと為し。外紀に編す。……（以下略）(39)

安鼎福は、南九万と同様の疑問を抱いたようで、南九万の（4）項にみえる疑問点を「夫妻は当に二人いる」と考えて論じる。

夫妻は当に二人有るべし。三国遺事に。檀君記を引きて云う。西河の河伯の女を娶りて。子の夫妻を産む。又其の北扶余篇に云う。解慕漱は北扶余に国を立つ。子を生み夫妻と名く。漢の宣帝神爵三年（前五九）に当たる。又高句麗記を引きて云う。解慕漱は。河伯の女に私して。朱蒙を産む。夫妻と朱蒙は。異母兄弟なり。又其の王暦篇に云う。朱蒙は。檀君の子。則ち此れ解慕漱を以て檀君となすなり。此に称する所の檀君は。或いは始め降りし檀君を謂うに非ず。檀を以て姓となせば。則ち其の子孫は因りて以て号となす。併せて称して檀君となす。所謂解慕漱は。亦始めて降りし檀君の後。又其の子を夫妻と名づけるは。芈心（ビシン＝芈は楚の姓。楚の懐王の孫の芈心を項羽が楚の懐王に封じたところから、芈心を懐王と呼んだ）を懐王と更に称する如きなり。古来伝説は荒誕にして。終に信じる可き文無し。今は只其の近似する者に従う。夫妻は則ち分けて二人となして之れを録す。(40)」

といっているように、最初に降った檀君がまず存在し、解慕漱はその後裔であり、姓が檀氏の子に夫妻と朱蒙がいたと解釈する。また安鼎福は、檀君朝鮮の存在について、

檀君神話は、誕妄で弁じるほどのものではなく、『東国通鑑』が省略しているのは正しい。檀君は東国にはじめて出た君であって、その人は間違いなく衆人とは異なる神聖な徳を有する人物であったはずである。『三国遺事』は高麗の僧侶が撰したもので、『古記』は新羅の俚俗の名称から出たものであろう。桓因、帝釈などは法華経にあるもので、その人名や地名の多くは仏典より出ている。新羅・高麗の時代には仏経を尊崇したのでこうした弊害がでたのであろう。史として記述するべきものが少なかったので正史に編入したものであろう。最初の統治者としての檀君を否定してはいないが、その説の内容は荒誕である(41)。

という見解である。ついでその矛盾点については

○按ずるに、檀君の寿。前儒は其の歴年の数を謂う。其の説近きなり。此の夫妻を北扶余の君と為せば。則ち此れ西漢の末に当たる。夫妻の寿。亦幾ど二千余歳なり。必ず是の理なかるべし。考異に詳し(42)。

といい、考異において、つぎのように論じている。「檀君元年戊辰当堯二十五年」の記述については、

「按魏書、往在二千戴。有檀君王儉。立都阿斯達。開国号朝鮮。与堯同時云。」というのは、中国史の記述と東史とほぼ同じである。但し東史は太涉誕妄である。故に多くの人が信じないで慌惚存亡之間に帰しているのはいけない。また按ずるに、高麗の僧の無極一然などは三国遺事を撰して、古記を引いて檀君は唐の堯の五十年庚寅に即位したといい、自ら註して、堯の元年戊辰、五十年は丁巳であり、庚寅ではない。これは経世書とは異なっ

ている。必ず別に一書があるにちがいない。東国通鑑及び高麗史地理志には皆唐の堯の戊辰に檀君は平壌に都をおいた。堯の立った野は上元甲子甲辰の歳であり、即ちその二十五年であるといっている。申翊聖の経世書補編には。亦堯の二十五年戊辰は。檀君元年と為す。故に今はこれに従う(43)。

以上のように「檀君」に関わる始祖伝説については、その存在は認めつつも疑問を抱くところがあまた存在していた。それにもかかわらず、その情報は金誠一以後日本の学者にもたらされなかったのか、それとも知っていて、逆に素戔嗚尊や五十猛神に置き換えようとしたのか、或いは無視する者が多かったのかという疑問がわく。いっぽう朝鮮半島の史書には、『日本書紀』にみえる素戔嗚尊に関する記述はほとんど見られないが、素戔嗚尊について触れているのは、前述の韓致奫と李徳懋の記述にみられる。

⑰ 柳 光翼（一七一三〜一七八〇）

安鼎福と同時代の学者として『楓巌輯話』を編纂した柳光翼は、その著のなかで、

わが東方は檀君より国をはじめ、箕子封を受く、みな平壌に都す、……(44)

と述べて、檀君が始祖であることを認めたうえで、次のように述べる。

上古の九夷の初め、桓因氏有り、桓因は神市を生み、始めて生民の治を教う、民これに帰す、神市は檀君を生み、檀君は檀樹下に居して号して檀君と曰う、始めて国号あり、朝鮮と曰う、朝鮮は東表日出るの名、或いは鮮汕と曰うなり、その国に汕水あり、故に朝鮮と曰う、平壌に都す、陶唐氏立ちて二十五年、檀君氏夫妻を生む、或いは解夫婁とも曰う、母は非西岬のむすめなり、禹は水土を平らげて、諸侯を塗山に会す、夫婁は塗山において禹に朝す、後檀君氏は徙りて唐蔵に居し、商の武丁八年に至りて、檀君氏没す、松嬢の西に、檀君塚あり(45)、

と述べていて、この見解は許穆の見解とまったく同じである。ついで

夫妻は立ちて北扶余と為る、夫妻は鯤縁淵に祈り、金蛙を得、貌を以て金蛙に類す、命じて金蛙にいう、……(46)

と述べたあと、許穆の文章の中間を省略して

金蛙は悦優浡水の女を悦《した》い、感日影身を照らすを感じて、朱蒙を生む、朱蒙の少子温祚という、檀君氏の後、解夫妻あり、解夫妻の後、金蛙有り、金蛙の後、朱蒙有り、温祚は句麗を為す、百済の祖、皆檀君氏に本づく(47)

と述べているのをみると、許穆や李万敷と同様の見解であった。ついで「旧史に曰く……」として『三国遺事』の原文を提示して、矛盾と考える点について論究している。

（1）太白山に降ったのは檀君ではない。その檀樹下に生まれたから檀君と称するのである。ただその説は怪異で鄙濫であり、閭巷の児童も騙すことのできるものではない。歴史を研究する者がすべてこの言のように檀君という神人が降ってまた山に入り、神となったと信じることができるであろうか。(48)

（2）唐堯以後の歴年の数は中国の史書及び邵壅の『皇極經世書』によって考え知ることができるが、唐堯の庚寅より武王己卯に至るまではわずか一千二百二十年であって、国を御すること一千五百年、寿一千九百八歳というのとはあわないから、そのいかがわしいこと甚だしいではないか。(49)

（3）徐居世は『筆苑雑記』に、「檀君は堯と同日に立ち、商の武丁乙未に阿斯達山に入って神と為った。享年一千四十有八歳といい、また檀君は非西岬の河伯のむすめを娶って子を生み扶婁といい、是を東扶余王という、禹に至って諸侯を塗山に会す、扶婁を遣わしてこれに朝す」というが、今按ずるに「堯の元年は甲辰であり、これを堯と同日に立つと称すると、戊辰の歳に立って君となり、庚寅の歳に平壌に都をおいた」とするのとは抵触する。(50)

（4）周の武王己卯に箕子を避けて唐荘京に移るというのとは矛盾する。乱雑なことこのありさまであり、紛らわしいことを並べ立てている。[51]」

（5）堯の即位した日が中国の書にも不明であるのに、なにをもって檀君と同日であると分かるのか。[52]

（6）檀君については国を立ててから千余年の間、いっさい記録がなく、一つだけ塗山の玉帛の会に子を遣わして入朝せしめたと称するのか。それはかこつけである。[53]

（7）且つ河伯の女を娶ったというのは妖異なこともっとも甚だしい。[54]

そして『三国遺事』に「檀君は河伯の女と親しくなり子を産み夫妻という、夫妻はその後の解慕漱であり、また河伯の女と通じて朱蒙を生んだ。夫妻と朱蒙とは兄弟である」といっていることに対し、

（8）檀君より朱蒙が生まれるまでほとんど二千余年、たとえ河伯の女が鬼神であって人でないとしても、又何を以てすでに檀君に嫁したのを知り、後に慕漱に私通するというか、必ずこれは一人の女であって、前の夫妻、後の朱蒙は兄弟なのではないか。[55]

とする。さらに檀君の歳については、

（9）もともとすでに虚誕で、諸書に錯出し、また定まった記録はない。[56]

⑱　李　万運（一七二三〜一七九七）

李万運は、洪鳳漢などが編纂して刊行した『東国文献通考』（一七七〇刊）を一七八二年（正祖六）に補編の編纂を命じられ、『増補東国文献備考』を編纂したが、それは刊行されず、一九〇三年に再度撰集庁が設置されて朴容大などによって増補され編纂・刊行されたものが現行の『増補東国文献備考』である。李万運の補修した補編の「王名称

は、「帝系」と改められているが、その歴代紀年条に李万運は、次のように記述している。

檀君の諱は王倹、古記に云う、東方に初め君長なく、只九種の夷族が居るのみであった。神人が太白山の神檀樹の下に降ることがあった。唐の堯の二十五年の戊辰に立ちて、王となり、朝鮮と号した。平壌に都をおき、後白岳に移った。商の武丁乙未に阿斯達山に入って神と為った。在位一千四十八年(57)

このように、李万運は特に付記することもなく、檀君朝鮮について記述している。

⑲　洪　良浩（一七二四〜一八〇二）

洪良浩は檀君の存在を認めたうえで、朴世采と同様に済州島の梁氏について説明している。その内容も済州島の歴史も古く檀君の時代に三神人がいて漢拏山に降り、国を開いて乇羅と称したという。ちなみに済州島の梁氏の出自が檀君と同じ時代に漢拏山に三人の神人が降ってきたところから始まるという説は朴世采と洪良浩の二人だけのようである(58)。

⑳　李　種徽（一七三一〜一七九七）（少論派・陽明学者）

この学者の特徴は、やはり、「檀君の時代には百姓は蚩蒙であり、禽獣とともに群れていたから、そこで檀君が民に頭髪を編むことを教え、はじめて君臣、男女の分、飲食や礼儀について教え行った」という『三国遺事』などに記述されていない内容を新たに付加して展開している点である(59)。

李種徽は、少論派に属す陽明学者でありながら、南人派の許穆及び李万敷の主張した桓因が神市を生んだという説までは同意していないようであるが、檀君の時代について言及していることは、民族の始祖の歴史的展開は、党派論争を超越したものと考えていたのかもしれない。そして金富軾が伝えた「天神」・「神市」・「天符三印」・「檀君年歳」についてはは儒者の多くが信じていない事を知っているが、自分はかつて摩尼山に檀君の祭天檀、九月山に三聖祀、その東にいわゆる唐荘京があり、その上空には佳気がただよっていると聞いたことがある。さらに中国の古史をみると檀君王倹の名もみえるので、檀君ははじめて出た聖人で、中国にあっては伏羲や神農のようなものであろうとしているから、民族の始祖としての檀君の存在は重要な意味を持つと考えていたように思える。(60)

㉑ 李 肯翊（一七三六～一八〇六）（少論派）

李肯翊は、客観的な姿勢を保って研究の対象として取り上げている。『三国遺事』とともにそれまでに檀君について記述している先行の文献を調査し、それらの文献を引用して檀君について紹介している。そのさいに活用した文献は『三韓古記』・『高麗史』・『新増東国与地勝覧』・『楓岩輯話』・『歴代児覧』・『眉叟記言』・『詳祀享典諸祀』・『東史綱目』などである。檀君の諱は王倹であるとして『三国遺事』の内容に従っているが、徐居世の『筆苑雑記』の記述に賛同しているところも多い。そうした点の主なものを整理すれば、

（1） 言語的な面から独自の見解を追加して、文化九月山はもと各闕山のことであり、後に緩やかに発音するようになって訛って九月山と呼ぶようになった。一説に阿斯は方言で九の意味であり、達は月の意味である。したがって阿斯達は九月の方言であるとする。(61)

（2） 『三国遺事』の記述内容はその説が怪異で鄙濫であり、閭巷の児童も騙すことのできるものではない。歴史を研究する者が皆信じることのできることであろうか。(62)

（3） 唐堯以後の歴年の数は中国の史書及び邵壅の『皇極経世書』によって知ることができるが、唐堯の庚寅より

武王己卯に至るまではわずか一千二百二十年であって、国を御すること一千五百年、寿一千九百八歳というのとはあわないから、そのいかがわしいこと甚だしい(63)。

（4）人君で国を享ける者は、長くても四、五〇年であり、人の寿命も長くて一〇〇年であるのに檀君が一人だけ一一〇〇年も国を享けたというのは、その説のいかがわしいことが分かる。扶婁が塗山に行って禹に会ったというが、我が国に文籍が備わっていないにしても、中国の文献になぜ一言も言及していないのだろうかという徐居世の見解を紹介している(64)。

（5）そのいっぽうで、檀君が相伝えて国を御した年数が一〇四八年であることは疑いないとする徐居世の『筆苑雑記』に、「武丁八年は甲子年であり、乙未年ではない、数も当然一〇一七年でなければならず、一〇四八年ではない、乙未と一〇四八年について考えるに当然三九年でなければならない」としていることも紹介している(65)。

（6）檀君元年に民に編髪と頭にかぶるものを教えたこと、君臣・男女・飲食・居処の制度がこの時より始まったこと(66)、

（7）東史に檀君は彭虞に命じて国内の山川を治めさせ、民の暮らしを尊んだ。『本紀通覧』に牛首州（今の春川）に彭虞の碑があるとあるが、『漢書』の食貨志には、「彭虞は貊の朝鮮を穿滅した。乃ち彭虞は漢人である。」としているから檀君の臣ではない(67)と究明して『本紀通覧』の記述に問題があると指摘する。

㉒　李　徳懋（一七四一〜一七九三）

李徳懋の時代になると朝鮮国の学者たちは、『日本書紀』・『古事記』などの日本の史書についても読むことができ

るようになっていたようで、素戔嗚尊についてもつぎのように述べる。

素戔嗚尊は賢にして智勇有り、命を受けて叛を討ち、出雲国に至る、大蛇有り、尾の触れる所、皆死傷す、素戔剣を抜きて蛇を断つ、其の尾を剖くに、宝剣有り、村雲の剣と名づく。(68)

と簡潔に記述している。李徳懋は『日本書紀』を読んでおり、他で『日本書紀』を引用する記述があるにもかかわらず、素戔嗚尊が新羅の蘇尸茂利に赴いたことについては、省略してまったく触れていない。

㉓ 徐　瀅修（一七四九～一八二四）（老論派）

徐瀅修は　上記の李種徽と全く同様の見解を持っていた。つまり檀君は、はじめて髪を編み頭にかぶるものを教え、また君臣の上下の分、飲食・居処の礼儀について教えた聖人であるとする点がその特徴であるといえよう。檀君神話にこうした記事を追加しているのは二人だけである。(69)

㉔ 成　海応（一七六〇～一八三九）

成海応は、かつて「神人が太白山の檀木の下に下ったので、人は共に立てて君となし、国を朝鮮と号したという。太白山を指して妙香山となし、今の妙香山には檀君台があり、そこを指しているという。古記に、天神が太白に下ったときに熊が天に人になることを願って祈り、ニンニク二〇枚を食べて女となり、天神がそれと交わって子を産み、王倹と名づけこれを檀君となしたという。したがってこれによれば檀木の下に降ったのは檀君ではないと述べる。また太白は妙香であるというが、よく解っていない。東国に太白山は多数存在し、北には白頭山、長白山があり、南には順興の太白山がある。我が国の山の名は僧侶の付けたものが多く、妙香というのも仏教から由来するものである。」

韓百謙は『東国与地志』において妙香山を西蓋馬にあてているが、西蓋馬は今の原州のことであるので、誤っているとも述べている(70)。

いっぽうで、「我が国は三方を海が包み、名山大川が多く、檀君が初めて君長となった。そして民を教化して衣服・飲食・編髪・蓋首の制度を教えたという説をとっている(71)。

そして「妙香山は寧辺の北に位置し、その峰の奥深くに内賓鉢の庵があり、庵の後ろに窟があって中に冷泉がある。世に檀君がそこに居したところであると伝えている(72)」として、檀君の事跡について考察を深めている

㉕　丁　若鏞（一七六二～一八三六）（南人派）

丁若鏞は『茶山詩文集』のなかに、

東方を以って之れを言えば、一隅は陸に連なり、三面は海に阻まれている。朝鮮の号は遠く檀君時代より用いられ、粛慎の名は周の史書に乗せられている、漢の武帝は四郡を分置し、唐の高宗は仍って九府を設置したが、その地や其の遺蹟は、すべて昔のものを考証して証明することができようか(73)。

と述べて、朝鮮の国号は檀君いらいのものであるとして、檀君の存在を認めつつも、

大体我が国は長い間オランカイの風俗に染まっていて、もともと文献的な証拠がなく、所謂伝わっている史籍はそのほとんどが荒唐無稽な低俗な話である(74)。

と述べている。また檀君については、

東史にいうには、東方はじめ君長なく、唐堯の二十五年、神人太白山の檀木下に降ったので、国人が立てて以て君となし、国号を朝鮮としたと。これが檀君の事跡である。三国遺事には桓因が霊を熊壇に降し祈化した話があ

るが、妄誕鄙俚で述べることのできるものではない。しかし太白というのは今の妙香で、その妙香というのはその地に香木が多いからで、それで檀君の名称もまたこれに因る。[75]

と述べ、さらに

東方にははじめ君長はいなかった。唐堯二十五年、神人が太白山檀木の下に降ったので国人は立てて君となした。檀君と号し、朝鮮に都をおいた。因って国号となした。今の平壌はこれ前朝鮮なり。[76]

と述べていて、天から下った神人を人々が立てて君となした。それが檀君と号したと理解して、神人と檀君が同一であるかのような理解をしていた形跡がうかがわれる。[77]

㉖ 韓 致奫 （一七六五～一八一四）（南人派）

著書の『海東繹史』に檀君朝鮮の項を設けて、

（1） 按ずるに史記索隠に曰く、朝の音は潮、鮮の音は汕、朝鮮に汕水有り、故に名づく、伏生の書した尚書大伝に云う、箕子走りて朝鮮にゆく、武王之を聞きて因りて以て之を封ず、然れば則ち箕子の前に朝鮮の称有るを知る、檀君の時を以て朝鮮の称の否は未だ明らかにするべからざるなり、然るに麗史は檀君を以て前朝鮮と為し、箕子を以て後朝鮮と為す、故に今は焉に従う。[78]

（2） 唐堯氏が帝の天下の二十有九年の戊辰、檀君氏が焉に立つ、始めて都邑を治む、平壌に邑す、国号を朝鮮とす、是れを檀君朝鮮と為す、桓雄は天神桓因の子なり、太白の山の檀木の下に降り、仮化合するに因りて子生む、檀樹下に生まれるを以て、是れを檀君と為す、檀君の名は倹、生まれて神明にして九夷は之を君とす、迄《つい》に殷氏の武丁八年乙未に、檀君九月山に入りて、神と為る有りと云う、寿千四十有八歳朝鮮世紀[79]

（3）東史の言う所を按ずるに、檀君の事、皆荒誕にして経《はから》ず、檀君首めて出でて、必ず其の人に神聖の徳有り、古は神聖が生まれるに、固より衆人よりも異なる者あり、豈是の若くの理無き有らんか、其の称する所の桓因帝釈等の語は、法華経より出ず、羅・麗の代に異教（仏教のこと）尊尚し、其の弊が此れに至る、東方は屢兵燹《せん》を経て、国史の秘蔵は蕩然す、存することに務めた緇《し》（僧侶）の記す所、巌穴の間に保つを得、以て後世に伝う、事（歴史）を作る者悶えるに記すに記す可き事無きを悶え、時に或いは正史に編入す、世は悠久にして、言は愈実として、以て流伝するに至る、中国は遂に一隅の仁賢の邦をして語怪の科に帰せしむ、勝て嘆ずべきか。また按ずるに、会記に商の武丁八年は乙未に非ず、乃ち甲子で唐堯の戊辰自り武丁甲子まで千十七年と為す、東史に皆檀君の寿一千四十八年と言う、其の説は誕謾無稽にして、権陽村の詩に曰く、「伝世は幾かを知らず、歴年は千を曾ぬ、蓋し一千十七年を以て伝世歴年の数となす、此の説是なり。(80)

（4）それまでほかの学者が用いたことのない『山海経』の記事を用いて檀君の時代について検討することをはじめておこなっている。それによれば韓致奫の兄致奎の子の韓鎮書が、「朝鮮の名は檀君より始まる。それは漢水以北をいうものである」とまず述べて、「東国のいにしえは漢水の一帯を以って境界としていた。その北側は朝鮮であり、南側は韓国であった。漢水は列水のことである。水の北は陽であり、列の陽は漢水の以北の名称である。檀君は唐の堯の戊辰から平壌に国を置き国号を朝鮮と号した。しかるに『山海経』の著述されたのは虞夏の時代の事であり、それは堯の時代のことであるので、それに記述された朝鮮というのは檀君朝鮮を指すのではないか。」という考えである。(81)

上記のように、檀君の存在を認めつつ、（3）項のように、その内容は荒誕で判然としない。しかし神聖な者は衆人と異なる徳のある者であり、我国は兵火を経ることが多かったので、史実が明らかでない。それでこうした話が正史に編入されることも起こったのであろうと考えたのであろう。さらに武丁八年は乙未年ではなく甲子であること、戊辰より武丁八年までは千十年であるので、檀君の寿が一千四十八年というのもおかしいとしている。しかしそれまで他の学者が取り上げたことのない『山海経』が編纂された時代が堯の時代のころであるから、そこに記述されている朝鮮とは檀君朝鮮の事を指すのではないかとの新しい推測を行っている。ところで、韓致奫は『海東繹史』を叙述するにあたり、次のような日本の文献を利用したと記述している。

孝経凡例・日本書記・日本紀（安麻呂）・続日本記・日本逸史・日本後紀・日本三代実録・日本文徳実録・帝王編年集成・類聚日本国史・和漢三才図会・異称日本伝・武林伝・征伐記・毛利氏家記・維摩会縁起・時学鍼焫・白石余稿・徂徠集・南浦文集・蓬島遺珠・日本名家詩選・客館筆談

また本文のなかに、『異称日本伝』から引用した次のような記述がある。

松下見林曰く、昔我が素戔烏尊其の子五十猛神を帥いて新羅の国に降り到り、曾尸茂梨の処に居まし く乃ち興言して曰く、此の地には吾居らむことを欲せず、高麗の曲に蘇志磨利あり与曾尸茂梨訓近し、或いは曰く、廻庭楽と。蓋し素戔烏尊の作り玉う所の楽なり、遺音仁智要録に在り、三韓の人之れを知らず、……(82)

これが朝鮮国の史書に素戔嗚尊と五十猛命が新羅に降ったという記事があらわれる最初であると思われる。しかし素戔嗚尊と五十猛命が当地で支配者になったとか、檀君を意味するといった主張はしていない。著者は『日本書紀』を史料として利用したから、『日本書紀』から引用してもよかったはずであるが、この部分の記事は『異称日本伝』から引用している。それは『和漢三才図会』及びこの『異称日本伝』の二書が日本の史書として檀君朝鮮の存在を認める記述をしていたからではないかと思われる。

㉗　金　祖淳（一七六五〜一八三二）

金祖淳は、著書の『楓皐集』のなかで、朝鮮の建国の由来については知らないが、

我が朝鮮は海左に僻処し、人物の闢、邦国の建、未だ其の自から来たれるを知らず、檀君堯と並び立つと相い伝う、……[83]

と述べて、檀君が堯と並んで建国したと伝承されているとし、さらに済州島の梁山𤅢は漢拏山の石窟に生まれて檀君と同時に開国したとされる人物であると述べている[84]。

㉘　李　圭景（一七八八〜一八五六）

李圭景は、

（1）「凡そ国号が二字であるのは夷族の後裔の風俗であり、中国にはないものである。我が東方の檀君、箕子は朝鮮を国号としたが、ところが猶檀君、箕子などと称している如きは、檀、箕はすなわちこれは国号であり、その朝鮮というのはすなわち、地名である」。と述べる。これは北崖老人の説と同じである。また檀君の後孫は都を唐蔵京に移したが、その唐蔵京は文化県であると主張する[85]。

（2）また「熊」の文字について考察を加えて、檀君伝説を考察している。熊羆の字が古書にみえるのは中国の『疏仡紀』であるが、我国では『古記』に「東方初無君長。只有九族夷。有桓因命庶子雄。降于太白山神檀樹下。時有熊食霊薬。化為女神。与雄為婚。生王倹。是為檀君。此熊羆字之見古書最先者也」と見えるのがその最初である。字書に雄は熊、雌は羆とあり、『四声通解』には大は熊といい、小は羆という。『同文』、『訳語類解』には、馬熊は羆の大なるもので、羆は熊の黄白色のもの。熊は馬よりも小で、熊は羆よりも大。などと中

国の文献にみえる熊について調査しているが、前記の文献以外に『盛京通志』、『宛委余編』、『五雑組』なども調査している。興味深いのは日本の『和漢三才図会』に記述されている熊についても取り上げていることである。それを紹介すれば「全体黒。而胸上有白毛。如偃月。俗称月輪。常以手掩之。猟夫窺其月輪刺之則斃。若不然。則挫刀鎗。不可敵。其生子甚容易。自手抓出。故人用熊掌。置臨産旁。亦取安産之義也。」と記述している。(86)

（3）いっぽうで、九夷というのは朝鮮のことであるとしている。その論拠として『古記』の記述をとりあげて、

「東方に初め君長なく、只九種の夷がいたのみである。天神の桓因が庶子の雄（一名神市）を太白山（太白は今の妙香山）神檀樹の下に降らせた。時に熊の霊薬を食する有り、化して女神となる。雄と婚して王倹を生む。これを檀君となす。唐の堯の二十五年戊辰。立てて王と為す。国を朝鮮と号す。(87)」

と記述して、『三国遺事』の原文に従いつつも、桓雄のことを一名神市というとして、神市は人名であることを否定しない。

（4）東史に檀君が彭呉に命じて国内の山川を治めさせた。民の暮らしを尊んだからであるという。洪水の世の中国に伯禹がいたようなものである。『本紀通覧』に牛首州に彭呉の碑がある。牛首州は今の春川である。……『漢書食貨志』を按ずるに、武帝の時に彭呉は穢貊、朝鮮を穿って滄海郡を置いた。すると彭呉は武帝の臣である。彭呉には二人いて一は檀君、一は武帝になるので、深く弁じなければならない。(88)

として、彭呉は檀君と武帝の二人がいないと説明できないと指摘している。

（5）東方の冠服の制度は檀君と箕子より以来であるとするが、文献に徴することはできない。檀君ははじめて民に髪を編み、首を覆うことを教えた。これは髪を編んで元服をなすことである。……(89)と考証している。

結　言

以上のように朝鮮時代後期の諸学者の始祖檀君に関する研究内容を考察してみたが、当時の実学派を中心とする諸学者は、単なる伝説に過ぎないという評価を下すことなく、積極的に民族の始祖に関する伝承に考察を加えようとしていたことが分かる。党派の所属によって見解の相違がみられるものの、古記に述べているという「東方初無君長。只有九種夷。有天神桓因。命庶子雄（一名神市）降太白山（太白。今妙香山）神檀樹下。時有熊食霊薬。化為女神。与雄為婚。生王倹。是為檀君。唐堯二十五年戊辰。立為王。国号朝鮮。」という伝承を、民族の歴史のはじめのことは世界のどの民族であっても考古学的に或いは文献学的にも調査することが困難な状況にあることをふまえて、否定することなく、檀君の寿命などについて、中国の唐堯の年代と符合するかどうかなどについて検討していたことに注目したい。しかも檀君は扶余王とつながり、それがまた高句麗、百済の始祖とも関連するという伝承が続いていたところから、否定することをせずに考察を加えていたと理解される。そして日本の素戔嗚尊が朝鮮半島に来ていたという日本側の文献を入手して知っていたにもかかわらず。それについては考察を深めることも、また認めることもしなかったように思われる。

註

（1）　本論稿と関わる既発表論文として、「朝鮮後期史書の檀君朝鮮叙述」（全烔澤「韓国学報」第二一輯、一志社、一九八〇年）がある。諸家の記述を分類整理した論考であるが、考察した文献が筆者の考察した文献よりも少ないので、ここに紹介しておく。必要なむきは参照されたい。

（2）『正祖實録』巻三五、正祖一六年（一七九二）八月一二日（戊寅）条及び『弘斉全書』巻二八、倫音三、南壇儀節問議大臣綸音、壬子条に、「今之南壇、昔日郊祀之圜壇也。礼、士庶不得祭五祀、大夫不得祭社稷、諸侯不得祭天地、惟杞、宋、魯以諸侯而祭之者、或因大国之後、或酬元聖之功也。我東建邦、創自檀君、而史称自天而降、壘石行祭天之礼、……」とみえる。

（3）『弘齋全書』巻三六、教七、諭関西伯採訪明於経旨之儒教条に、「関西素称屢武之郷。而我東文明之啓。実肇茲土。蓋昔三古之世。執壤於塗山。比河於浿水。地留九井之制。俗伝八條之教。伝所云君子国者。即今之関西是耳。」とみえる。

（4）『筆苑雑記』巻之一に、「嘗考。自唐堯元年甲辰。至洪武元年戊申。摠三千七百八十五年。自檀君元年戊辰。至我太祖元年壬申。亦三千七百八十五年。吾東方歴年之数。大槩与中国相同。帝堯作而檀君興。周武立而箕子封。漢定天下而衛満来平壌。宋太祖将興而高麗太祖已起。我太祖開国亦与太祖高皇帝同時。古記云。檀君与堯同日而立。歴虞夏至商武丁八年乙未。入阿斯達山為神。享年一千四十有八。当時文籍不伝。其真偽不得而考。至今伝襲。以古記為説。居正以為当堯之時。人文昭宣。至于夏商。世漸澆薄。」とみえる。

（5）同上書、巻之一、同条に、「人君享国久長者不過四五十年。人寿。上寿白年。中寿六七十年。下寿四五十年。安有檀君独寿千百年以享一国乎。知其説之誣也。」とみえる。

（6）同上書、巻之一、同条に、「又云。檀君生子扶婁。是為東扶余王。至禹会諸侯於塗山。檀君遣扶婁朝焉。其説無拠。若檀君享国久長。扶婁往会塗山。則雖我国文籍不備。中国之書豈無一語及之乎。檀氏相伝享国之数。千四十八年者。無疑矣。権文忠公近詩曰。聞説鴻荒日。檀君降樹邊。世伝不知幾。歴年曾過千。蓋言其伝世歴年之久也。」とみえる。

（7）『高麗史』巻五八、志、巻第一二、地理三、西京留守官平壌府条に、「○本三朝鮮旧都、唐堯戊辰歳、神人降于檀木之下、国人立為君、都平壌、号檀君、是為前朝鮮。周武王克商、封箕子于朝鮮、是為後朝鮮。逮四十一代孫準時、有燕人衛満、亡命聚黨千余人、来奪準地、都于王険城【険一作倹、即平壌】、是為衛満朝鮮。其孫右渠、不肯奉詔、漢武帝元封二年、遣将討之、定為四郡、以王倹為楽浪郡、……（以下略）。」

（8）『標題音註国史略』巻之一　前朝鮮条に、「史臣曰　古記云　檀君与堯並立於戊辰　歴虞夏　至商武丁八年乙未　入阿斯達

山為神　享寿千四十八年　此説可疑　今按　堯之立　在上元甲子甲辰之歳　以檀君之立　在後二十五年戊辰　則曰与堯並立者非也　自唐虞至于夏商　世漸澆漓　人君享国久長者　不過五六十年　安有檀君　独寿千四十八年　以享一国乎　知其説之誣也　前輩以謂　其曰千四十八年者　乃檀氏伝世歴年之数　非檀君之寿也　此説有理　近世権近入覲天庭　太祖高皇帝　命近賦詩　以檀君為題　詩曰　伝世不知幾　歴年曾過千　帝覧而可之　時論亦以近之言為是　姑存之　以備後考」とみえる。

（9）『東史纂要』巻之一、上、檀君朝鮮条。

（10）『東史撰要』凡例条に、「檀君箕子、東国通鑑以外紀載之、蓋縁世代事蹟不能也、然檀君乃首出之神君、箕子即立教之聖后、歴年始終猶考信、故尊而書之於東国統系之首」とある。

（11）『東史撰要』伝統之図条に、「檀君後唐二十五年而立、我　太祖亦後明　太祖二年、而自唐堯元年甲辰至明　太祖元年戊申三千七百二十五年、自檀君元年戊辰至我　太祖元年壬申亦三千七百二十五年、……」とある。

（12）『東史撰要』檀君朝鮮　都平壌都白岳今文化九月山条。

（13）『芝峰類説』巻二、諸国部、国都条に、「我東方檀君箕子衛満高句麗並都平壌」とある。

（14）『論語』巻第九、子欲居九夷章条。

（15）『芝峰類説』巻六、経書部二　論語条に、「論語子欲居九夷。按東史曰。東方有九種夷。初無君長。檀君始号朝鮮。蓋孔子之世。乃箕王中葉。九夷之称尚存耳。且欲居夷者。豈非我国之西海与斉魯相近故耶。」とある。

（16）『芝峰類説』巻二、諸国部、本国条参照。

（17）同上書、同条に、「唐堯元年甲辰。至法武元年戊申。総三千七百八十五歳。檀君元年戊辰。至我太祖元年壬申。亦三千七百八十五歳。異哉。以此計之。自檀君元年。至先王丁未。為四千歳也。我東歴年長久者。檀君一千四十八年。箕子訖馬韓一千七十一年。百済六百七十八年。高句麗七百五年。新羅九百九十二年。駕洛国四百九十一年。高麗四百七十五年。」とみえる。

（18）『隠峯全書』巻二、疏、言事疏条に、「吾東方歴年、与中国同、帝堯作而檀君始、周武立而箕子封、漢高滅秦而衛満来、宋祖継五季、而麗王起、大明掃螻蟻、而我朝興、……」とみえる。

（19）趙仁成「『揆園史話』・『檀奇古史』・『桓檀古記』偽書論の成果と課題」（『東北アジア歴史論叢』五五号、韓国東北亜歴史財団、二〇一七年)。
(20) 前掲の「朝鮮後期史書の檀君朝鮮叙述」(『韓国学報』第二十一輯、一志社、一九八〇年)。
(21) 『記言』巻之三二、外篇、東事一、檀君世家条に、「上古。九夷之初。有桓因氏。桓因生神市。始教生民之治。民歸之。神市生檀君。居檀樹下。号曰檀君。始有国号曰朝鮮。朝鮮者。東表日出之名。或曰鮮汕也。其国有汕水。故曰朝鮮」。これについて初めて言及したのは韓永愚である。『朝鮮後期史学史研究』所収の「一七世紀中葉南人許穆の古学と歴史認識」(3)「世家」と「列伝」にみえる文。
(22) 『記言』巻之三二、外篇、東事一、檀君世家条。
(23) 『記言』巻之三二、外篇、東事一、檀君世家条に、「夫婁立為北扶余。夫婁禱於鯤縁淵。得金蛙。以貎類金蛙。命曰金蛙。夫婁之世。商亡。箕子至朝鮮。後周徳衰。孔子欲居九夷。夫婁卒。金蛙嗣。……金蛙悦優渟水之女。優渟。澤名。在泰伯山南。感日影照身。生朱蒙。朱蒙少子曰温祚。檀君氏之後。有解夫婁。解夫婁之後。有金蛙。金蛙之後。有朱蒙、温祚。為句麗、百済之祖。皆本於檀君氏。」とみえる。
(24) 『薬泉集』所収、南九万著、三四巻　十七冊、一七二三年)第二九、雑著『東史弁証』檀君条に、「旧史檀君紀云、有神人、降太白山檀木下。国人立為君。時唐堯戊辰歳也。至商武丁八年乙未。入阿斯達山為神。此説出於三韓古記云。而今考三国遺事載古記之説。云昔有桓因帝釈。庶子桓雄受天符印三箇。率徒三千、降太伯山頂神壇樹下。謂之神市。是謂桓雄天王也。将風伯雨師雲師。在世理化。時有一熊常祈于神雄。願化為人。雄遺霊艾一炷蒜二十枚。熊食之三七日。得女身。毎於壇樹下。呪願有孕。雄乃仮化而婚之。生子曰壇君。以唐堯庚寅歳都平壌。御国一千五百年。周武王己卯。封箕子於朝鮮。壇君乃移於蔵唐京。後還隠於阿斯達為山神。寿一千九百八歳。」とみえる。
(25) 同上書。同条に、「以此言之。降太伯壇樹下者。乃檀君之父。非檀君也。以其生於壇樹下。故称壇君。非降檀木故。称檀君也。第其説妖誣鄙濫。初不足以誑閭巷之児童。作史者其可全信此言。乃以檀君為神人之降。而復入山為神乎。且唐堯以後歴年之数。中国史書及邵氏継世書。可考而知也。自堯庚寅至武王己卯。僅一千二百二十年。然則所謂御国一千五百年。寿一千九百八歳。其誣不亦甚乎。筆苑雑記引古記之説。云檀君与堯同日而立。至商武丁乙未入阿斯達山為神。享年一千四十有八歳。

又云檀君娶非西岬河伯之女。生子曰扶婁。是為東扶余王。至禹会諸侯於塗山。遣扶婁朝焉。今按堯之元年乃甲辰。則此称与堯同日而立者。与戊辰歳立為君。庚寅歳都平壌者。牴牾矣。其称商武丁乙未入山為神者。又与周武王己卯避箕子移蔵唐京者矛楯矣。厖雑如此。亦可見其肆誣也。且堯之即位之日。中国之書亦無可考。則又何以知檀君之与之同日乎。檀君立国千余年之間。無一事可紀者。而独於塗山玉帛之会。称以遣子入朝。其仮託傅会。誠亦無足言者矣。且其云娶河伯女者。妖異尤甚。遺事又云檀君与河伯女要親。産子曰夫婁。其後解慕漱又私河伯女産朱蒙。夫婁与朱蒙兄弟也。今按自檀君至朱蒙之生。幾二千余年。設令河伯女果是神鬼而非人。又何以知前嫁檀君。後私慕漱者。必是一女。而前之夫婁後之朱蒙。必是兄弟乎。且其言檀君之寿者。本既虚誕。而諸書錯出。亦無定説。独権陽村近応制詩。云伝世不知幾。歴年曾過千。其歴年之数。不曰檀君之寿。而曰伝世者。其於伝疑。或差近矣。」とみえる。

(26)『南溪先生朴純文公正集』巻第七三、墓碣銘、処士瀟洒翁梁公墓碣銘条に、「……檀君時有三神人降于漢拏山。其長始姓良氏。改以梁。実公之先云。後有諱洵峻者。皆渡海来仕羅麗之際。為一時名人。至諱思渭。入我朝殿直司書。……」とある。

(27)『息山先生別集』巻之四、地行附録、妙香条に、「旧史東方。初無君長。有神人降于太白山檀木下。国人立為君。国号朝鮮。都平壌。或曰上古九夷之初。有桓因氏生神市。始教生民之治。神市生檀君。居檀樹下。号曰檀君。都平壌。国号曰朝鮮。両説差殊。然檀君之興。実在太白。……」とみえる。

(28)『息山先生別集』巻之四、地行附録、妙香条に、「山南有沢曰優渟。旧史。蛙悦優渟水之女。感日影照身。生朱蒙。朱蒙少子曰温祚。蓋檀君氏之後。有解夫婁。解夫婁之後。有金蛙。金蛙之後。有朱蒙、温祚。為句麗百済之祖。皆本於檀君氏、而興於太白。……」とみえる。

(29)古渓宗陳（一五三二～一五九七）戦国 織豊時代の僧。天文《てんぶん》元年生まれ。臨済宗。足利学校に学び、京都大徳寺の江隠《こういん》宗顕《そうけん》笑嶺宗訢《しょうれいそうきん》に師事し、宗訢の法をつぐ。天正《てんしょう》元年大徳寺大仙院第三代住持。豊臣秀吉が織田信長追善のためにたてた総見院の開山《かいさん》となる。千利休の禅の師。慶長二年一月一七日死去。六六歳。越前《えちぜん》＝福井県出身。俗姓は朝倉。諡号《しごう》は大慈広照禅師。別号に蒲庵《ほあん》。

(30)『鶴峯先生文集』巻之六、雑著、周為箕子所封之國条に、「箕子。殷同姓之親也。紂為無道。箕子佯狂為奴。及武王伐紂革命。箕子陳洪範於武王。而不為之臣。武王封于我国。待以賓礼。示不臣也。都平壌。今之西京也。在国都西北千余里。立八條之教以教民。民化其徳。遂為礼義之邦。又欲行井田法。至今阡陌尚存。其子孫相伝。千有余歳。其陵墓在今平壌府城北。国家置守戸。以禁樵牧。立廟享祀。号箕子殿。置齋郎以奉香火。春秋降香幣。令観察使致祭。箕子之前。有檀君朝鮮。檀君与尭竝立。歴年千与歳。後入太白山為神。○朝鮮。鮮明也。地在東方。日先明。故謂之朝鮮」とみえる。

(31) 東国之歴代興廃、略与中華相終始、檀君与尭並興、至武王受　命、而箕子定封、意韓正統論条。

(32) 『星湖僿説』第二六巻、経史門、三聖祀条参照。

(33) 同上書、第二三巻、経史門、檀箕条参照。

(34) 『薬山漫稿』巻之五、海東楽府、太伯檀条に、「東方初無君長。有神人率徒三千。降于太伯山檀木下。謂之神市。国人立為君。国号朝鮮。以東表日出之故也。古記云与尭并立於戊辰。寿千四百八年云。或曰。擅氏伝世歴年之数。非擅君之寿也。至若熊化為女。昏而生子之説。尤荒誕。不并記。」とある。

(35) 『択里志』八道総論条。

(36) 同上書、黄海道条。

(37) 同上書、卜居総論、名山名刹条。

(38) 同上書、卜居総論、山形条。

(39) 『東史綱目』凡例条に、「凡統系。為史家開巻第一義。而通鑑以檀箕事蹟。別為外記。其義不是。今正統始于箕子。而檀君附見于箕子東来之下。倣通鑑綱目篇首三晋之例。（割注に）按檀君首出御国。箕子肇興文物各千余年。神聖之始宜有不可泯者而通鑑以為史書無伝。編於外紀。……（以下略）」とみえる。

(40) 『東史綱目』附巻、上、考異条に、「夫婁当有二人三国遺事。引檀君記云。娶西河河伯女。産子夫婁。又其北扶余篇云。解慕漱立国於北扶余。生子名夫婁。当漢宣帝神爵三年。又引高句麗記云。解慕漱。私河伯女。産朱蒙。夫婁与朱蒙。異母兄弟也。又其王暦篇云。朱蒙。檀君子。則此以解慕漱為檀君也。此所称檀君。或非謂始降之檀君。而以檀為姓。則其子孫因以為号。併称為檀君。所謂解慕漱者。亦始降檀君之後。又名其子夫婁者。若芊心之更称懐王也。古来伝説荒誕。終無可信之文。

今只従其近似者。夫妻則分為二人而録之。」とある。

(41)『東史綱目』（安鼎福著、筆写本、二〇巻一七冊、一七七八年）、附巻 中、怪説弁証条に、「〇按ずるに此の説誕妄にして弁ずるに足らず。通鑑是を略するは是なり。夫れ檀君は東国にはじめて出ずるの君。必ず其の人神聖の徳あるべし。故に人就きて以て君と為すなり。古の神聖の王。固より衆人に異なる有り。亦豈是の如き無理の甚だしからんや。蓋し遺事。是れ麗の僧の撰せし所。古記は亦何人の撰せし所を知らず。新羅俚俗の称より出でて。高麗に於いて成る。亦必ず僧釈の編せし所なり。故に荒誕の説。煩を厭わずして之を為す。其の人名地号。多くは佛経より出ず。此れ云う所の桓因帝釈。法華経より出ず。および他に称する所の阿蘭佛迦葉原、多婆羅国、阿踰陁国の類。皆是れ僧の談。羅麗の代に。釈教を尊崇す。故に其の弊此れに至る。史を作りし者其の記す可き事無きを悶え。或いは正史に編するに至る。一区仁賢の方をして。挙げて語の科に帰せしむ。あげて惜しむ可きか。」（「〇按此説誕妄不足辨。通鑑略之是矣。夫檀君。東国首出之君。必其人有神聖之徳。故人就以為君矣。古之神聖之生。固有異於衆人。亦豈有若是無理之甚乎。蓋遺事。是麗僧所撰。古記亦不知何人所撰。出於新羅俚俗之称。而成於高麗。亦必僧釈之所編也。故荒誕之説。不厭煩而為之。其人名地号。多出於仏経。此所云桓因帝釈。出於法華経。及他所称阿蘭佛迦葉原多婆羅国阿踰陁国之類。皆是僧談。羅麗之代。尊崇釈教。故其弊至此。作史者悶其無事可記。至或編於正史。使一區仁賢之方。挙帰於語之科。可勝惜哉。」）とみえる。

(42) 同上書、同条に、「……（上略）。〇按檀君之寿。前儒謂其歴年之数。其説近矣。此云夫妻為北扶余之君。則此当西漢之末。夫妻之寿。亦幾二千余歳矣。必無是理。詳考異。（以下略）」とある。

(43) 同書、附巻上、考異条に、「按魏書、往在二千載。有檀君王倹。立都阿斯達。開国号朝鮮。与堯同時云。中国史所記与東史略同。但東史太渉誕妄。故人多不信而帰之慌惚存亡之間。則不可。〇又按麗僧無極一然等。撰三国遺事。引古記云。檀君以唐堯五十年庚寅即位。自註云。堯元年戊辰。五十年為丁巳。非庚寅也。此与経世書異。必別有一書也。東国通鑑及麗史地志皆云。唐堯戊辰。檀君都平壌。堯之立。在上元甲子甲辰之歳。則戊辰。即其二十五年也。申翊聖経世書補編。亦堯二十五年戊辰。為檀君元年。故今従之。」とみえる。

(44)『楓巌輯話』三韓地方之弁条に、「我東方、自檀君肇国、箕子受封、皆都平壌、……」とある。

(45)『楓巖輯話』巻之一、事実、檀君史記辨疑条に、「九夷之初。有桓因氏。桓因生神市。始教生民之治。民歸之。神市生檀君。居檀樹下。号曰檀君。始有国号曰朝鮮。朝鮮者。東表出之名。或曰鮮汕也。其国有汕水。故曰朝鮮。都平壌。陶唐氏立一十五年。檀君氏生夫婁。或曰解夫婁。母非西岬女也。禹平水土。会諸侯於塗山。夫婁朝禹於塗山氏。後檀君氏徙居唐蔵。至商武丁八年。檀君氏没。松嬢西。有檀君塚。」とみえる。

(46)同上書、同条に、「夫婁立為北扶余。夫婁禱於鯤縁淵。得金蛙。以貌類金蛙。命曰金蛙。」とある。

(47)同上書、同条に「金蛙悦優渟水之女。感日影照身。朱蒙。朱蒙少子曰温祚。檀君氏之後。有解夫婁。解夫婁之後。有金蛙。金蛙之後。有朱蒙、温祚。為句麗、百済之祖。皆本於檀君氏。」とみえる。

(48)同上書、同条に、「以此言之、降太白檀樹下者非檀君也、第其説妖誕濫、初不足以誑閭閧之児童、作史者、其可全信此言乃以檀君為神人之降而復入山為神乎。」とある。

(49)同上書、同条に、「作史者其可全信此言、且唐堯以後歴年之数、中国史書及劭氏経世書、可考而知也、自唐堯庚寅至武王己卯、僅一千二百二十年、然則所謂御国一千五百年寿一千九百八歳、其誣不亦甚乎。」とある。

(50)同上書、同条に、「徐居正筆苑雑記有云、檀君与堯同日立、至商武丁乙未入阿斯達山、為神、享年一千四十有歳、又云、檀君娶非西岬河伯之女、生子曰扶婁、是謂東扶余王、至禹会諸侯於塗山、遣扶婁朝焉、今按堯之元年為甲辰、則此称与堯同日而立者与戊辰歳立為君、庚寅歳。」とみえる。

(51)同上書、同条に、「其称商武丁乙未入山為神者、又与周武王己卯避箕子、移唐荘京者矛盾矣、龐雑如此、亦可見其肆誣也」

(52)同上書、同条に、「且堯之即位之日、中国之書亦無可考、則又何以知君之与之同日乎」とある。

(53)同上書、同条に、「檀君立国千余年之間、無一事可記者、而独於塗山玉帛之会、称以遣入朝、其仮托伝会、誠亦足言者、……」とある。

(54)同上書、同条に、「且其云、娶河伯女者妖異尤甚」とある。

(55)同上書、同条に、「今按、自檀君至朱蒙之生二千余年、設令河伯女果是鬼神而非人、又何以知前嫁檀君、後私慕漱者、必是一女、而前之夫婁後之朱蒙、必是兄弟乎。」とみえる。

(56)　同上書、同条に、「且其言檀君之壽者、本既虚誕、而諸書錯出、亦無定記、独権陽村近応制詩云、伝世不知幾歴年、曾過千其歴年之数、不曰檀君之寿、而曰伝世者、其於伝疑、或差近矣」とある。

(57)　『増補文献備考』巻四一、帝系考二、歴代紀年条に、「檀君諱王倹、古記云、東方初無君長、只有九種夷有神人降于太白山即妙、高山　神檀樹下詳見、氏族　唐堯二十五年戊辰立、為王国号朝鮮、都平壌、後徙白岳世号唐蔵、京在文化　商武丁乙未入阿斯達山即九月山、在文化　為神、在位一千四十八年或云商武丁甲子徙于藏地子孫相伝凡千有十七年或云享国一千二百十一年寿一千九百八歳洪武丙子吉昌君権近奉使明明高皇帝命題檀君詩近応製曰伝世不知幾年曾過千世以為実記云」とある。なお、李万運に関する既発表論文には、高錫珪「『紀年児覧』에 나타난　李万運의　歴史認識」（『韓国文化』8、ソウル大学校韓国文化研究所、一九八七年）がある。

(58)　『耳溪集』巻二十六　神道碑　弘文館理学梁公神道碑条に、「檀君之時。有三神人。夢降于瀛洲之漢拏山。開国称乇羅。中世渡海朝新羅。適有客星見。賜号星主。改良氏為梁。東国之梁。皆本於耽羅。仕高麗。多顕官。入我朝。有諱悌。判書雲観事。於公為高祖也。」とみえる。

(59)　『修山集』巻之一一、檀君本紀条に、「朝鮮王檀君者。祖日神人桓因。桓因有庶子。曰桓雄。桓雄居太白之山。有神熊之異。而生君於檀樹下。号檀君。或曰。檀君名曰王倹。或曰。姓桓氏。檀君之時。東夏無君長。百姓蚩蒙。禽獣与羣。於是檀君乃教民編髪首。始有君臣男女之分。飲食居處之節。時陶唐氏立於中国。」とみえる。

(60)　同上書、同条に、「外史氏曰。盖虞夏之際。天下之有君久。然東方之君始於檀氏。幷堯而立。此其故何也。徐氏通鑑。独載羅麗以下。而雑記言檀君。其文頗不経。縉紳先生難言之。金富軾所伝天神、神市、天符三印、檀君年歳。儒者多不信。余嘗聞摩尼山有檀君祭天壇。九月山有三聖祠。其東有古所謂唐荘京者。往往有佳気其上云。総之不離。四佳所論者近是。余観中国古史。其表見檀君王倹之名章矣。盖檀君首出聖人。在中国。其伏羲神農之君乎。竊取古記文意頗雅者。為本紀書首。」とみえる。

(61)　『燃黎室記述』別集　巻之一九　歴代典故　檀君朝鮮条に、『三韓古記』に記述しているとして、割註を付して「今文化九月山、本名闕山、以有宮闕遺址也、緩声呼之訛為九月山、一説阿斯方言九也、達者方言月也、阿斯達者九月之方言也、」とある。

(62) 同上書、同条に、「以此言之、降太白檀樹下者非檀君也、第其説妖誕濫、初不足以誑閭閈之童、」とある。

(63) 同上書、同条に、「作史者其可全信此言、且唐堯以後歴年之数、中国史書及劭氏経世書、可考而知也、自唐堯庚寅至武王己卯、僅一千二百二十年、然則所謂御国一千五百年寿一千九百八歳、其誣不亦甚乎、」とある。

(64) 同上書同条に、「人君享国久長者、不過四五十年、人寿上寿百年、安有檀君独寿千百年以享一国乎、知其説之誣也、「又云、檀君遣子扶婁、朝禹於塗山、其説無拠、若檀君享国久長、扶婁往会塗山、則雖我国分籍不備、中国之書、豈無一語及之乎、」とみえる。

(65) 同上書、同条に、『筆苑雑記』に「相伝享国之数千四十八年者、無疑矣筆苑雑記○歴代児覧曰武丁八年当為甲子而非乙未寿当為一千十七而非一千四十八以乙未及一千四十八参互考之当作三十九年」とみえる。

(66) 同上書、同条に、「元年、教民編髪蓋首、君臣男女飲食居処之制自此始云」とある。

(67) 同上書、同条。

(68) 『青荘館全書』(李徳懋著)巻之六十四 蜻蛉国志 人物条に、「素盞烏尊。賢而有智勇。受命討叛。至出雲国。有大蛇。尾之所触。皆死傷。素盞抜剣断蛇。剖其尾。有宝剣。名村雲剣。」とみえる。

(69) 『明皐全集』巻之三、明皐徐澄修汝琳著 喉院請檀君墓置戸守護啓条に、「檀君。即我東首出之聖。而史穪編髪盖首之制。君臣上下之分。飲食居処之礼。皆自檀君創始。則檀君之於東人。実有没世不忘之沢。其所尊奉。宜極崇備。而臣待罪江東。見県西三里許。有周団四百十尺之墓。故老相伝。指為檀君墓。至登於柳馨遠輿地志。則勿論其虚実真偽。豈容任其荒蕪。恣近樵牧乎。若以為事近虚誕。則黄帝之塚。東西両在。而歴代哲辟之并命守護。何也。若以為檀君入阿斯達山為神。不慮有墓。則既有喬山之舄。又有崆峒之塚。何也。況檀君廟。在於平壌。而本朝秩之為崇霊殿。則此墓之尚闕秩典。誠一欠事。当此修広畢墜之日。合有象徳報功之道。故敢此仰達。……」とみえる。

(70) 『研経斉全集』続集、冊一六、東国地理弁、太白山弁条に、「東国嘗称神人降于太白山下。人共立為君。国号朝鮮。指太白山。為妙香山。今妙香山。有檀君台。即其地云。古記又云。天神降太白時。有熊祈天願為人。食蒜二十枚。化為女。天神交之生子。名王倹。是為檀君。据此則降于檀木下者。非檀君也。東国之初。荒陋怪妄。伝説如此。太白之称妙香。又未可知也。

東国最多太白山之称。北則白頭山及長白山也。南則順興之太白山也。東国之山名。多因緇徒而得之。所称妙香。亦浮屠家説也。韓百謙東国輿地志。以妙香山為西蓋馬。然西蓋馬。即今原州地。以其在白頭之西志誤也。」とみえる。

（71）同上書、外集、巻四二、伝記類、食貨議［上編］に、「我国偏於東。海包其三。地勢巌険。多名山大川。檀君始為君長。教民以衣服飲食編髪蓋首之制。」とある。

（72）同上書、巻之五一、山水記［下］、記關西山水条に、「妙香山在寧邊北。安心而至上院。攀鉄索登一危磴。有台曰引虎。下壁削深窈皆石也。望双瀑甚奇。又其前玄真台。迤至上院之菴。菴上有龍井菴。菴東大石斗起曰獅子菴。其背法王峯也。由菴越一澗。有白雲臺。又登一嶺。有天仙台。其上有上雲菴。翠壁環之。従其欠処望。羣峯秀妙。下有中獅子。内賓鉢之菴。菴後有窟。中有冷泉。世伝檀君居之。又上一里有台。三面斗絶。鉄壁可万仞。復登天窟。踰一大嶺。有梅窟。僧名梅者居之。最高而幽。又其南有頭陀之菴。菴下三瀑甚壮。又東北至霊神菴。高豁可眺。其西香爐峯。乃妙香最高処。通豁無障。其下有金剛窟。懶翁所居也。又其下内院菴也。泉石清奇。有龍湫。傍有国秦窟。」とみえる。

（73）『茶山詩文集』第八巻、対策、地理策条に、「以東方言之、一隅連陸、三面阻海、朝鮮之号、遠自檀君、粛慎之名、載在周乗、漢帝分置四郡、唐宗仍設九府、其地其蹟、皆可援而証今歟、……小華之号、洵其宜矣、朝鮮得名、已自箕聖之前、……」とみえる。

（74）同上書、同条に、「大抵東方久染夷洙之俗、素無文献、所伝史籍、率多荒唐。」とある。

（75）『与猶堂全書』第六集、地理集、第七巻、○大東水経、其三、薩水即清川。淀水即大寧水条に、「東史云。東方初無君長。唐堯二十五年。有神人降于太白山檀木下。国人立以為君。国号朝鮮。是檀君之跡也。而三国遺事。有桓因降霊熊壇祈化之語。妄誕鄙俚。不可復述。然其云太白者。即今妙香也。其謂之妙香者。以地多香木也。故檀君之称。亦所因是。然我邦所謂香檀葉必冬青。非真檀也。按句麗史。金蛙得女子柳花於太白山南優渤水。又東明王六年。漢成帝建始元年。命烏伊扶芬奴。伐太白山東南荇人国滅之。」とみえる。

（76）『与猶堂全書』第六集、地理集、第七巻、○大東水経其三　浿水二平壌、中和、江西条に、「○浿水。又西南至平壌府南府。即三朝鮮及高句麗之古都也。東方初無君長。唐堯二十五載。有神人降于太白山檀木下。国人立以為君。号曰檀君。都于朝鮮。

因為国号。即今之平壌。是前朝鮮也。周武王元年。封箕子于朝鮮。教其民以礼、義、田、蠶、織。作施八條之約。是後朝鮮也。箕子之後四十余世。至朝鮮侯準。当秦、漢之際。而自称王。及漢恵帝元年。燕人衛満。亡命東走。襲準而滅之。都于王険城。即今之平壌。是衛満朝鮮也。」とみえる。

(77) 同上書、同条に、「唐堯氏帝天下二十有九年戊辰、檀君氏立焉、始治都邑邑于平壌、国号朝鮮、是為檀君朝鮮、桓雄者天神桓因之子也、降于太白之山檀木之下、因仮化合而生子、以生檀樹下、是為檀君、檀君名倹、生而神明九夷、迄有殷氏武丁八年乙未、檀君入九月山、為神云、寿有八歳朝鮮世紀」とみえる。

(78) 『海東繹史』巻第二、世紀二、檀君朝鮮条に、「按史記索引曰、朝音潮、鮮の音汕、朝鮮有汕水、故名、伏生書大伝云、箕子走之朝鮮武王聞之、因以封之、前知有朝鮮之称、而檀君時朝鮮称否、未可的也、然而麗史以檀君爲前朝鮮、箕子為後朝鮮、故今従焉。」とみえる。

(79) 同上書、同条に、「按東史所言、檀君事皆荒誕不経、檀君首出、必其人有神聖之徳、古者神聖之生、固有異於衆人者、豈有若是之無理乎、其所称桓因帝釈等語、出於法華経、羅麗之代尊尚異教、其弊至此、東方屢経兵燹、国史秘蔵蕩然、務存緇所記、得保巖穴之間、以伝後世、作事者悶記無事可記時或編入正史、世悠久、而言愈実以至流伝、中国遂使一隅仁賢之邦帰於語怪之科可勝歎哉。」とみえる。

(80) 同上書、同条に、「又按、会記商武丁八年、非乙未、乃甲子、自唐堯戊辰武丁甲子為一千十七年、東史皆言、檀君寿一千四十八年、其説誕謾無稽、權権陽村近詩曰、伝世不知幾、歴年曾千、蓋以一千十七年、為伝世歴年之数、此説是也」とみえる。

(81) 韓鎮書『海東繹史』続（一八二三年）巻第二、地理考二、朝鮮条に、「朝鮮之名。肇於檀君。蓋漢水以北之謂也。【山海経】（第一八　海内経）東海之内。北海之隅。有国名曰朝鮮。○朝鮮在列陽東。海北山南。列陽属燕。（第一二　海内北経）○【注】朝鮮今楽浪県。箕子所封也。列亦水名也。今在帯方。帯方有列口県。鎮書謹按。東国古初以漢水一帯為限。北為朝鮮。南為韓国。漢水即列水也。水之北曰陽。列陽者漢水以北之称也。東史。檀君以唐堯戊辰始国於平壌。国号朝鮮。而山海経世称為虞夏（虞は舜氏のこと、虞書は唐堯のことを記述、舜典以下は夏史の作ったところから夏書という。書経巻之一　蔡沉集伝）。時書。則其云朝鮮。果指檀君朝鮮歟」とみえる。

(82)『海東繹史』巻第四一、交聘志九、通日本始末条。

(83)『楓皐集』巻之一一、碑銘、仁賢書院廟庭碑に、「我朝鮮僻処海左。人物之闢。邦国之建未有知其所自来。相伝檀君与尭並立。」とみえる。

(84)『楓皐集』巻之一五、伝、梁山璹伝条に、「梁山璹。字会元。済州人也。其先曰良乙那。生于漢拏山石窟中。与檀君同時開国。」とある。

(85)『五洲衍文長箋散稿』経史篇、論史類、論史、檀、箕為国号弁証説条に、「凡国号以二字者。乃近夷裔之俗。中国無此也。我東檀君、箕子雖以朝鮮為国号。然猶称檀君、箕子。則檀、箕乃是国号。其曰朝鮮。則即地名也。檀君之後。遷都唐蔵京。唐蔵在文化……」とみえる。

(86)同上書、万物篇、鳥獣類、獣、熊羆弁証説条に、「熊羆字。見於先古書者。中原則《疏仡紀》。黄帝軒轅氏有熊国君少典子也。屈原《天問》注。東海人祭禹廟。不用熊白及鱉為膳。豈鮌化為二物乎。又文王卜漁。得非熊非羆之卦。《詩》維熊維羆。男子之祥。我東則古紀。東方初無君長。只有九族夷。有桓因命庶子雄。降于太白山神檀樹下。時有熊食霊薬。化為女神。与雄為婚。生王倹。是為檀君。此熊羆字之見古書最先者也。字書。雄曰熊。雌曰羆。【《四声通解》。大曰熊。小曰羆。】其種亦多。按《同文》、《訳語類解》。馬熊。羆之大者。冬蟄土窟。羆。熊之黄白色者。頭長脚高髪垂。而人立洞。熊小於馬。熊大於羆。冬蟄石窟。貔。熊之小者。冬蟄木竅。脆牲似熊而小。黄色白道。其性最巧。《盛京通志》。熊羆。熊類不一。有人熊、猪熊、猴熊、狗熊。《宛委余編》。卓王孫有緑熊皮百双。漢武帝令進二十双云。然則熊類別有緑者乎。如清康熙五十一年。諭該国歳例裁減。有紅豹皮云。則豹皮豈有紅哉。緑熊皮類是耳。此熊之大略也。《五雑組》。熊勢極長。毎坐必跑土為窟。先容其勢而後坐。山中人尋其窟穴。見地上有巨孔者。以木為桎梏。施其上而設機焉。熊坐機発。《和漢三才図会》。熊。全体黒。而胸上有白毛。如偃月。俗称月輪。常以手掩之。猟夫窺其月輪刺之則斃。若不然。則挫刀鎗。不可敵。其生子甚容易。自手抓出。故人用熊掌。置臨産旁。亦取安産之義也。」とみえる。

(87)同上書、天地篇/地理類、邦国、東土九夷六部弁証説条に、「古記。東方初無君長。【只有九種夷】有天神桓因。命庶子雄【一名神市】降太白山【太白。今妙香山】神檀樹下。時有熊食霊薬。化為女神。与雄為婚。生王倹。是為檀君。唐堯二十五年戊辰。立為王。国号朝鮮。」とみえる。

(88) 同上書、人事篇治道類、治道総説、治道弁証説条に、「東史檀君命彭呉。治国内山川。以奠民居云。蓋洪水之世。若中国之有伯禹也。『本紀通覧』云。牛首州有彭呉碑。牛首州。即今春川也。按『漢書食貨志』。武帝時彭呉穿穢貊、朝鮮。置滄海郡。然則彭呉。武帝臣也。彭呉既有二。一在檀君。一在武帝。則不可不深弁者也。」とみえる。

(89) 同上書、人事篇 服食類、冠巾、笠制弁証説条に、「東方冠服之制。自檀、箕以来。文献無徴。而檀君始教民編髪蓋首。則此以編髪為元服。」とみえる。

あとがき

本書に収録した四編の論考のうち、三編は、著者が二〇〇〇年に韓国の朝鮮時代史学会が主催した「王権」に関する国際シンポに招かれたさいに、主催者側の依頼を受けて国際日本文化研究センターの村井康彦・笠谷和比古両教授の報告の司会・進行を韓国語でさせていただいたことがあり、両先生から帰国後ご連絡をいただき、同研究センターの共同研究員として参加しないかとのお誘いを受けた。それいらい一五年間、同研究センターの共同研究員として共同研究にたずさわったさいに報告した論考の内容を追補し、修正を加えたものである。

第一章の「一七～一九世紀における文献交流による朝鮮・日本両国の歴史理解の一側面」（「徳川社会と日本の近代化――一七～一九世紀における日本の近代化と国際環境――」（研究代表者　笠谷和比古教授））は、二〇一二年八月二四日の共同研究会で報告したものである。

第二章の「一七～一九世紀における朝鮮国史認識と檀君論の展開」（「徳川社会と日本の近代化――一七～一九世紀における日本の近代化と国際環境――」（研究代表者　笠谷和比古教授））は、二〇一三年一二月六日の共同研究会で報告したもので、一部は笠谷和比古編『徳川社会と日本の近代化』（思文閣出版、二〇一五年）に収録されている。

第三章の「日本の朝鮮史概説書にみえる始祖記述について」は、近年考察した論考を収録したものである。

第四章の「一七～一九世紀における朝鮮・日本両国の檀君論の展開について――朝鮮国における檀君論の展開の様

相——」（「徳川社会と日本の近代化——一七～一九世紀における日本の近代化と国際環境——」（研究代表者　笠谷和比古教授））は、二〇一三年一二月六日の共同研究会で報告したものである。

共同研究は二〇一五年三月に笠谷和比古教授が定年退官されたので、終了したが、研究報告を行った内容などについて再検討し、追補・修正した論考を一書にまとめて刊行できればと願っていたところ、はからずも汲古書院の三井久人社長さんの御好意で上梓できることになったもので、そのご厚情に対し心より厚く御礼申し上げる次第です。また編集部の柴田聡子氏には、編集、校正などに種々お世話になりましたことを記して深謝いたします。

最後に本書の刊行が、偶然にも日本の植民地期に外国語学校の教育課程に「朝鮮語部」を設置し、新制大学においても初めて「朝鮮学科」を設置して韓国・朝鮮学の振興に貢献した出身母校の天理大学が本年創立百周年を迎えたことを喜び、その伝統に祝意を表し、本書が読者の韓国・朝鮮半島の理解に多少なりともお役に立つことができれば望外の喜びである。

二〇二五年一月

平　木　實

著者紹介

平木　實（ひらき　まこと）

一九三八年　奈良県天理市生まれ。

一九六二年　天理大学外国語学部朝鮮学科卒業。

一九六二年～二〇〇四年まで天理大学に奉職。元教授。一九六四～七〇年一二月まで韓国に留学。建国大学校大学院国文学専攻、ソウル大学校大学院史学科国史学専攻碩士、博士課程を修了。姉妹校の韓国外国語大学日本語科などで日本語を教える。

一九八二年　韓国ソウル大学校より文学博士学位を授与される。学位論文名『朝鮮後期の奴婢制研究』

著訳書

著書：『朝鮮後期奴婢制研究』（韓国知識産業社、一九八二）、『朝鮮社会文化史研究』（国書刊行会、一九八七）、『朝鮮社会文化史研究Ⅱ』（阿吽社、二〇〇一）、『韓国・朝鮮社会文化史と東アジア』（学術出版会、二〇一一）、『天理外国語学校・天理語学専門学校・天理大学における韓国・朝鮮学の展開』（私家版、二〇一八）

訳註書：『韓国通史』（韓沽劤著、学生社、一九七六）、『択里志』（平凡社東洋文庫、二〇〇六）、『韓国の科挙制度』（李成茂著、日本評論社、中村葉子と共訳、二〇〇八）、『韓国史──政治文化の視点から──』（李成茂・李熙真著、中村葉子と共訳、日本評論社、二〇一五）、『近世朝鮮政鑑』（銀河書籍、二〇二〇）

日本・朝鮮の文献交流と始祖伝説認識
──一六～一九世紀における相互の文化理解──

二〇二五年四月一八日　発行

著　者　平　木　　實

発行者　三　井　久　人

整版印刷　富士リプロ㈱

製　本　牧製本印刷㈱

発行所　汲　古　書　院

〒101-0065　東京都千代田区西神田二-四-三
電　話　〇三（三二六五）九七六四
ＦＡＸ　〇三（三二二二）一八四五

ISBN978-4-7629-6756-6　C3022